LA CONSCIENCE MORALE

TROIS ÉTUDES LUES DEVANT QUELQUES AMIS

PAR

C^R MALAN

Avec une appréciation philosophique

de

M. ERNEST NAVILLE
Associé étranger de l'Institut de France

GENÈVE
H. STAPELMOHR
21, Corraterie

1886

PARIS
G. FISCHBACHER
33, Rue de Seine

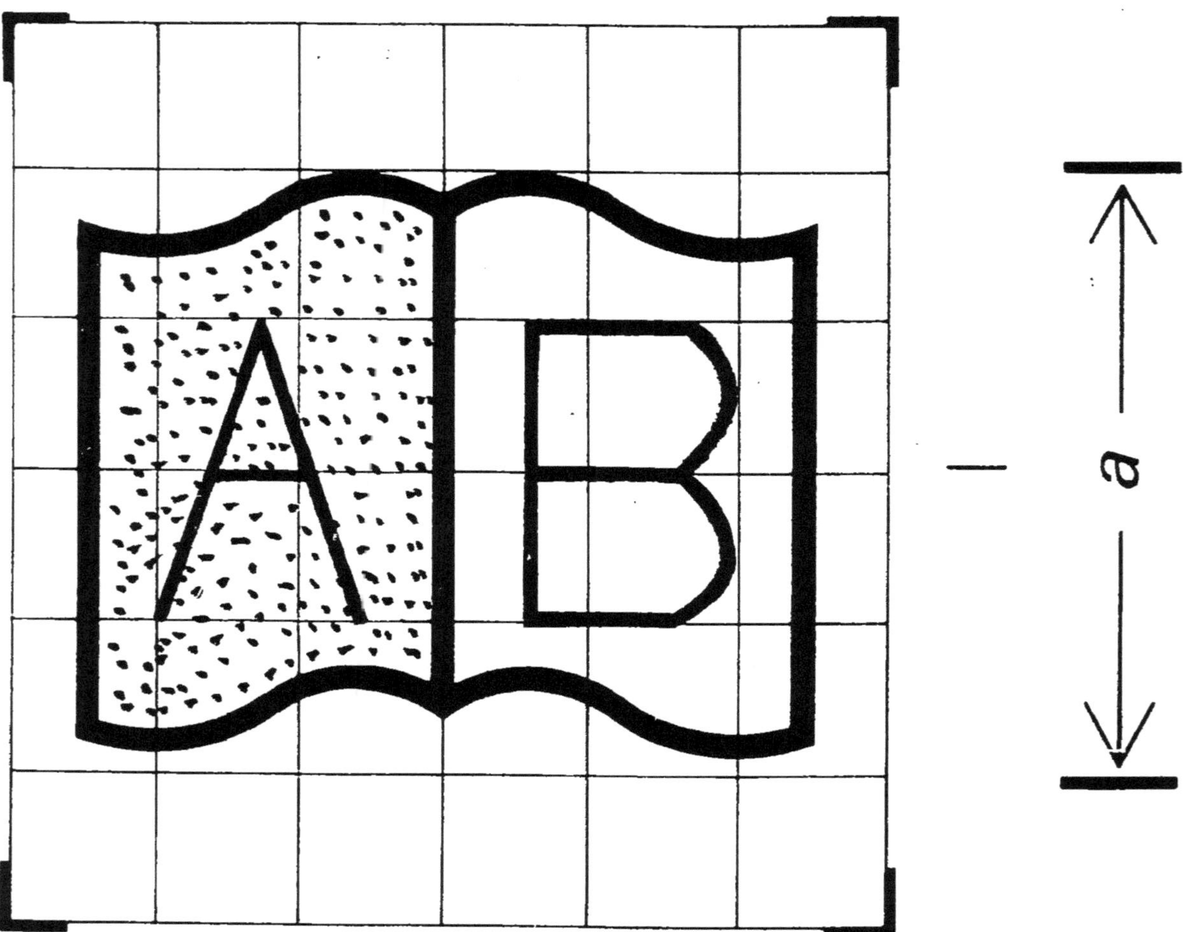
A B
a

OUVRAGES DU MÊME AUTEUR

Genève religieuse au dix-neuvième siècle, ou Tableau des faits qui, depuis 1815, ont accompagné dans cette ville le développement de l'individualisme ecclésiastique du Réveil, mis en regard de l'ancien système théocratique de l'Église de Calvin; par le baron von der Goltz, chapelain de l'ambassade de Prusse à Rome, traduit de l'allemand sous les yeux de l'auteur. Genève et Bâle, Georg, 1862.

Les miracles sont-ils réellement des faits surnaturels? Fragment d'Apologétique adressé à ceux pour lesquels le surnaturel dans l'Évangile serait encore l'occasion de doutes religieux. Paris. Meyrueis, 1863.

Le Dogmatisme. Examen de cette question : la foi religieuse s'appuie-t-elle sur la justesse d'une idée ou sur la réalité d'un fait? sur la vérité d'une doctrine ou sur la véracité d'un témoignage? Genève. Cherbuliez, 1866.

La vie et les travaux de César Malan, Ministre du Saint-Évangile dans l'Église de Genève, pasteur de l'Église du Témoignage, Dr en théologie de l'Université royale de Glasgow. Genève et Paris, Cherbuliez, 1869.

Les grands traits de l'histoire religieuse de l'humanité, seconde édition. Paris. Fischbacher; Genève, Georg. 1885.

LA

CONSCIENCE MORALE

GENÈVE. — IMPRIMERIE B. SOULLIER, CITÉ, 19.

LA CONSCIENCE MORALE

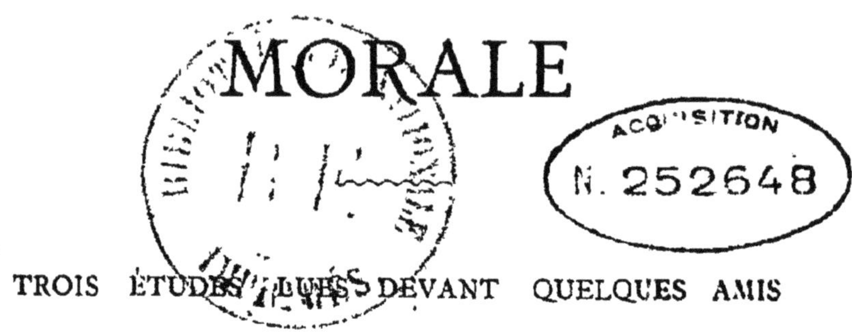

TROIS ÉTUDES LUES DEVANT QUELQUES AMIS

PAR

Cr MALAN

Avec une appréciation philosophique

de

M. ERNEST NAVILLE

Associé étranger de l'Institut de France

GENÈVE
H. STAPELMOHR
24, Corraterie

1886

PARIS
G. FISCHBACHER
33, Rue de Seine

PRÉFACE

Deux raisons nous engagent à faire de la *conscience* l'objet d'une étude attentive. La première est l'importance essentielle du fait lui-même au point de vue religieux. L'autre est une raison spéciale qui, surtout à cette heure, rend cette étude nécessaire pour nous protestants de langue française.

L'importance religieuse du fait de conscience ne saurait être mise en doute par quiconque a le sentiment de la faiblesse essentielle de l'homme. Convenir de cette faiblesse, c'est en effet avoir reconnu qu'il faut à l'homme non seulement une lumière pour son ignorance, mais encore une autorité pour sa liberté elle-même. Or cette autorité, qui ne saurait être perçue que par la conscience, est nécessairement un fait religieux, puisque c'est Dieu qui seul peut imposer une loi à notre liberté.

Il est vrai que cette question de l'autorité concerne aussi bien la vie sociale de l'homme que sa vie personnelle, et que c'est même du premier de ces deux points de vue qu'on se préoccupe le plus généralement. Ce n'est cependant pas sous ce rapport-là que nous voulons l'étudier ici. Il semble, d'ailleurs, que la question de l'autorité dans le fait social — la question des gouvernements et des constitutions des peuples — soit destinée à se poser toujours de nouveau sans jamais arriver à une solution définitive. Le fait est que la vie politique des peuples embrasse nécessairement une succession de générations, qui ne se transmettent que très imparfaitement le résultat d'une expérience toujours inachevée par chacune d'elles. Aussi bien, par dessus cette vie des nations subsiste celle de l'humanité, dont, en dehors des lumières spéciales de la foi, l'évolution elle-même demeure encore pour nous une énigme.

Quant à l'autorité qui a pour objet la liberté personnelle, on peut entendre par là deux choses entièrement différentes, suivant qu'il s'agirait d'une autorité dont l'homme aurait lui-même revêtu tel ou tel fait extérieur à sa personne, — ou qu'il serait question d'une autorité directement imposée à sa liberté personnelle, indépendamment de sa volonté propre, et parfois même en opposition à la direction foncière de cette volonté.

Dans le premier cas, nous avons devant nous, pour nous en tenir ici au point de vue religieux, l'autorité dont on aurait revêtu tel ou tel fait traditionnel ; comme par exemple le dogme, les cérémonies, ou même les officiers, d'une Eglise historique, ou bien encore tels écrits généralement regardés comme sacrés.

Quant à l'autorité imposée au sentiment que chacun possède de sa liberté, elle ne peut évidemment être rapportée qu'à une action directe de l'Être qui, parce qu'il a tout d'abord créé cette liberté, parce qu'il en surveille et qu'il en jugera l'usage, en est regardé à juste titre comme le maître, et qui, par là même, demeure le Seigneur de celui qui possède cette liberté.

La première de ces deux autorités, on la décrit, on en formule, et on en fixe soi-même l'expression. Attachée à un fait qui existe indépendamment de celui qui s'y soumet, cette autorité est avant tout pour cet homme un objet de connaissance, ou de *science*.

Il n'en est pas de même de l'autorité qu'on peut appeler « intérieure. » On ne commence pas par la voir placée devant soi. C'est elle qui vient nous atteindre, en nous imposant l'expérience de sa présence en nous. Nous en avons donc *conscience*, comme d'une autorité déjà exercée au dedans de nous, et cela au moyen d'une action dont nous nous sentons les objets.

On comprendra, d'après ces quelques mots, l'importance spéciale que doit revêtir à nos yeux l'organe à l'aide duquel nous percevons une semblable expérience. Cet organe, — nous venons de le nommer, — c'est cette *conscience*, grâce à laquelle nous nous apercevons de ce qui se passe au dedans de nous. Le fait est que de l'action de cette conscience dépendra nécessairement pour nous, et la connaissance de l'action vivante de Dieu en nous, et, partant de là, l'expérience aussi bien de son caractère que de ses intentions à notre égard.

On comprendra de plus, que nous aurons ainsi devant nous deux faits religieux essentiellement différents l'un de l'autre, suivant que nous mettrons à la base de notre religion une autorité extérieure ou historique, ou que cette religion reposera avant tout sur l'autorité directement ressentie d'une expérience intérieure, c'est-à-dire d'un « fait de conscience. » Dans le premier cas, nous l'avons dit, le fait religieux est tout d'abord un fait historique, placé devant nous au même titre que tout autre fait semblable. Nous l'apprécions ; nous l'analysons ; nous le formulons plus ou moins exactement. Mais en lui-même il demeure ce qu'il est. Nous ne saurions avoir, avec un fait semblable, un rapport *vivant*. Nous ne pouvons, le cas échéant, que le respecter de loin comme on respecte un fait sacré. Notre seul rapport avec ce « fait religieux » sera un rapport de connaissance, ou de *science*.

Un fait semblable est cette « religion de nos pères, » — cette religion traditionnelle des honnêtes gens, — d'autant plus respectée de ceux qui s'en contentent, qu'ils s'abstiennent soigneusement d'en faire l'objet d'un examen attentif et *consciencieux*. Cette espèce de religion, qui est toujours tout d'abord celle de la grande majorité des hommes, ne repose, dans le fond, que sur l'autorité dont l'a entourée l'adorateur lui-même. C'est bien lui, en effet, qui, grâce à une acceptation le plus souvent passive, revêt des faits qui lui sont parvenus par la tradition, d'un respect dont tous les motifs sont en lui.

La seconde de ces autorités est tout autre chose. Existant indépendamment de nous, elle s'impose elle-même à nous dans un fait intérieur qui domine la vie même de notre âme. Aussi bien tout dépendra-t-il, dès lors, pour nos intérêts suprêmes et éternels, de la soumission que nous aurions ou accordée ou refusée, à ce qui se fait sentir à nous comme une action dont nous ne sommes ainsi que les objets.

Tout ce que demandera l'autorité extérieure, c'est donc un regard tant soit peu attentif, et une mémoire qui ne soit pas trop infidèle. L'autorité intérieure a de tout autres exigences. Elle attend de nous des vertus morales de premier ordre. Faisant appel à l'obéissance du cœur lui-même, elle ne sera conservée entière que grâce à la fidélité des affections les plus profondes de notre être. Ce n'est plus uniquement pour nous un *fait*. C'est une *action* vivante qui, nous ayant nous pour objets, exige à son tour de notre part un acte personnel, un acte qui lui aussi devra être vivant, et par conséquent soutenu et progressif, au dedans de nous. Cette autorité intérieure ne sera donc regardée par nous ni comme l'ornement, ni comme le joug, de notre existence. Elle sera pour nous, au sein de notre existence passagère actuelle, le point de départ de notre vie éternelle elle-même. Elle sera le début, ou l'inauguration, du rapport de notre moi lui-même avec le Seigneur de notre vie.

Telle demeure, à nos yeux, l'importance religieuse du fait de conscience.

*
* *

Quant à l'importance spéciale de ce même fait de conscience pour nous protestants, elle ressort des circonstances qui sont actuellement les nôtres.

S'il est un fait qui donne à penser dans l'état actuel du Protestantisme, et tout spécialement dans la position présente de nos Eglises réformées, c'est certainement, — surtout depuis les attaques dirigées de nos jours contre l'autorité des Ecritures, — l'ébranlement de ce qui jusqu'ici avait constitué pour ces Eglises l'autorité suprême en matière de foi.

Ce fait est d'autant plus grave que, dans cette portion du Protestantisme qui nous concerne comme réformés de langue française, l'autorité des Ecritures jouait jusque-là un rôle tel, qu'elle y était hautement maintenue même par le parti hétérodoxe. Aussi bien ces Eglises n'en possédaient-elles aucune autre, depuis qu'elles avaient mis de côté leurs confessions de foi et leurs symboles officiels.

Jusqu'à cette heure, les croyants se sont contentés chez nous d'opposer à cette négation, une protestation souvent aussi éloquente que prononcée, mais qu'ils ne se sont pas appliqués à justifier.

De là vient aussi que nous voyons, chaque jour plus, nos jeunes hommes commencer à hésiter à cet égard; et plusieurs d'eux courent-ils même le risque de devenir, pour cette question de l'autorité de l'Ecriture, les victimes de tels ou tels représentants aussi superficiels que bruyants « d'une science faussement ainsi nommée. »

Evidemment, de semblables faits nous forcent à nous demander comment nous, qui croyons aux Ecritures, devons nous y prendre pour reconquérir, au sein de nos Eglises, la seule autorité sur laquelle puisse reposer le Christianisme traditionnel dont on y fait encore profession.

On a essayé dans ce but, sinon d'affirmer de nouveau cette doctrine de « l'inspiration littérale, » dont la proclamation imprudente avait été dans le temps l'occasion des attaques dirigées contre l'autorité religieuse de l'Ecriture, — du moins d'en formuler une autre plus acceptable. On a aussi voulu, en dehors des auditoires de théologie et devant le grand public religieux, se transporter au point de vue d'une critique plus ou moins étrangère à la foi, — oubliant ainsi que, quelles que fussent les victoires qu'on estimait avoir remportées sur tel ou tel point spécial, on avait dû commencer par délaisser le terrain de l'expérience de la foi, et l'autorité du témoignage dont cette expérience demeurera toujours la preuve pour les fidèles. — Aussi bien ces efforts sont-ils demeurés inutiles.

Ce qui le prouve, c'est qu'à cette heure l'honneur rendu aux Ecritures s'est comme réfugié dans le sanctuaire des familles pieuses. Il a, en particulier, déserté entièrement nos écoles. On dirait même parfois qu'on y veuille persuader à nos enfants qu'il faille, aux jours où nous vivons, avant d'être à même de profiter des résultats de la science, avoir d'abord mis de côté tout respect pour la Bible de leurs pères; ou du moins, si l'on n'a pas devant soi les fils de pères croyants, qu'il faille avoir entièrement oublié cette Parole qui, jusqu'ici, avait toujours été, pour tout esprit sérieux, le témoignage vénéré du Dieu de la conscience.

A nos yeux, une science qui ne fait pas cas de la conscience est jugée par cela seul. Avoir rattaché la cause de l'Ecriture à celle de la conscience, équivaudra donc pour nous à l'avoir recommandée à la sérieuse attention de toute science digne de ce nom.

Pour cela, cependant, il faudra d'abord être parvenu à faire reposer l'autorité de l'Ecriture, non pas sur une tradition qui, à mieux prendre, a besoin elle aussi d'une sanction supérieure; encore moins sur telle « explication » de mystères, dont on ne peut entrevoir la vérité que grâce à une expérience spéciale, — mais bien sur un fait d'expérience universelle, sur un fait dont on ne saurait nier la réalité, et que chacun porte en soi-même. Ce fait, c'est précisément cette *obligation* de la volonté, dont le sentiment, ou la perception, dans la *conscience morale,* constitue ce qui caractérise l'être humain en face de l'animal.

Nous sommes persuadés que l'étude du fait de conscience livrera seule la réponse à la question que voici : « Pour quelle raison et de quel droit, la Bible nous a-t-elle été transmise comme la Parole, ou le témoignage, du salut de Dieu, — par des hommes dont la valeur, la piété, et le dévouement soutenu, demeurent la gloire de notre passé? Qu'est-ce qui, déjà avant eux, avait porté leurs ancêtres à laisser là, au prix des plus douloureux sacrifices, toute autre autorité religieuse extérieure, pour s'en tenir toujours plus résolument à la seule autorité de l'Ecriture ? »

Tels sont les sentiments qui m'amenèrent, il y a quelques années, à faire une étude spéciale de ce sujet de la conscience, sur lequel, dans les ouvrages à ma portée, je ne trouvais rien qui me satisfît pleinement [1].

Soumise d'abord au jugement de quelques amis, cette étude parut alors dans une Revue. M. E. Naville jugea cette publication assez digne d'intérêt pour en faire, au point de vue spécial de la philosophie, l'objet d'une appréciation qu'il m'a autorisé à publier, et qui m'a fait espérer que mon petit travail pourrait être utile à notre jeunesse studieuse.

S'il était accueilli favorablement par ceux que j'ai eus en vue en l'écrivant, je pourrai peut-être le faire suivre d'études analogues sur la *foi*, sur l'*objet de la foi*, ou sur l'*Eglise visible*.

L'AUTEUR.

[1] J'excepte quelques pages du prof. *M. Kähler* sur « la Conscience, » dans lesquelles je retrouvai le point de vue auquel je m'étais arrêté. Il a paru, depuis lors, du même auteur, un travail considérable sous ce même titre, dont le premier volume est consacré à l'exposé de la doctrine de la Conscience, dans l'Antiquité et dans le Nouveau-Testament (en allemand).

INTRODUCTION

Messieurs !

On entend parfois opposer, dans la recherche de la vérité, ce qu'on appelle *une expérience positive*, à ce qui aurait été présenté comme *une expérience de conscience*.

A-t-on réellement le droit de statuer une semblable opposition ?

Et d'abord, qu'est-ce que cette expérience *positive*, dont on met ainsi la réalité en face de ce qui ne serait, dit-on, qu'une expérience de conscience ?

Une expérience positive, — c'est ainsi qu'on la présente, — est celle que l'on aurait eue d'un fait « objectif ; » c'est-à-dire d'un fait à l'égard duquel on aura le droit d'affirmer, qu'il subsiste indépendamment de l'expérience dont il aurait été l'occasion.

Rien de plus légitime, sans doute, que de revendiquer ce caractère pour tout objet d'expérience. D'où vient cependant que, dès qu'on l'attribue à l'objet d'une expérience de conscience, il est des esprits qui protestent, ou du moins qui hésitent à se prononcer clairement à cet égard ?

Ce n'est pas que l'on ne regarde l'expérience de conscience comme un fait de première importance.

Toute doctrine philosophique, en effet, je dis plus ! toute croyance religieuse, repose en fin de compte sur une expérience semblable. Sans doute, c'est de la négation de ce que nous disons là que l'école positiviste a fait son drapeau ; comme c'est l'hésitation sur ce point spécial qui s'oppose encore, ici et là, à une franche admission du « surnaturel. »

Il n'en est pas moins vrai que l'expérience à laquelle seule on donne le nom d'expérience positive, — que l'expérience par le moyen des sens, — est elle-même si loin de pouvoir être mise en contraste avec le fait de conscience, qu'elle implique bien plutôt elle-même nécessairement un fait semblable. Et ce qui est tout aussi vrai, c'est qu'on ne saurait vouloir affirmer que toute expérience, ou impression, de conscience, n'ait pas nécessairement impliqué un fait objectif à celui chez qui cette expérience aurait eu lieu.

Il serait superflu de nous arrêter à démontrer la première de ces assertions. Personne ne niera que l'impression matérielle reçue par le moyen des sens n'exige, pour parvenir jusqu'à notre pensée réfléchie, un acte de la conscience que nous avons de nous-mêmes. Nous convenons tous que la beauté d'une fleur, ou que les charmes d'une mélodie, demeureront pour nous comme s'ils n'étaient pas, aussi longtemps que « nous n'en aurons pas eu conscience. »

Aussi bien désiré-je m'appliquer surtout ici à exposer les faits qui me semblent établir la seconde de ces assertions, — savoir cette proposition : que toute perception, ou expérience, de conscience, implique nécessairement l'existence d'un fait positif ; et, qui plus est, d'un fait qui, bien que ressortissant au monde intérieur de celui qui fait cette expérience, y demeure objectif à cette expérience ; de telle sorte que tout fait de conscience demeure ce qu'il est, indépendamment et de la perception qu'on en aurait, et de l'idée qu'on arriverait à s'en faire à l'occasion de cette perception. De plus, comme c'est un intérêt moral et religieux qui me porte à aborder avec vous cette étude, j'aurai surtout en vue dans mon analyse, cette activité spéciale de la conscience, à laquelle on a donné le nom de *la conscience morale*, ou de la conscience *de l'obligation morale.*

Ma première tâche sera donc de définir le phénomène de vie intérieure auquel on donne ce nom, et d'en revendiquer *l'objectivité* essentielle.

Je chercherai ensuite à préciser ce qui découle de la définition à laquelle je me serai arrêté, soit à l'égard de la vérité sur l'homme, soit à l'endroit de la doctrine de Dieu.

Enfin, dans une troisième étude, j'examinerai le rapport qui subsiste entre les lumières résultant ainsi du fait de la conscience morale, et celles qui proviennent pour nous soit de la vue de l'univers que nous habitons, soit des faits dont témoignent les Ecritures.

PREMIÈRE ÉTUDE

Analyse et définition du fait de la conscience morale

I

Conscience et Science

Cherchons d'abord à fixer le sens du mot *conscience.*

Il semble, à première vue, que qui dit *conscience,* dit une espèce spéciale de *science.*

Par *science,* cependant, on désigne, non pas, comme par le nom de *conscience,* ce qui serait en nous une impression, mais plutôt ce qui résulte pour nous d'une activité réfléchie de la pensée à l'occasion de telles ou telles impressions. Un fait de *science* sera donc toujours ou l'ensemble, ou telle ou telle portion spéciale, des images intelligibles que notre esprit aurait formulées comme répondant chez nous soit à des impressions, soit à des réalités positives. C'est ainsi que notre *science* sera, à chaque fois, le résultat pour nous d'une activité volontaire, et facultative, de notre pensée réfléchie.

Ce qu'on appelle un phénomène de *conscience* ne présente pas ce même caractère. C'est une impression qui nous arrive pour ainsi dire toute faite, en dehors et indépendamment de notre activité. Le fait est que nous ne disposons pas de l'apparition au dedans de nous des impressions de conscience. Elles nous sont imposées directement, et souvent même malgré nous.

Et il y a plus encore. Si la *science* est ce qui résulte pour notre pensée d'impressions produites par des objets perçus comme subsistant au dehors de nous, l'impression de conscience sera toujours celle d'un fait subsistant au dedans de nous-même. Pour atteindre à la *science*, nous avons dû commencer par détourner notre vue de ce qui ne serait que nous-même. Pour discerner ce que nous appelerons un fait de *conscience*, nous devons au contraire fixer notre attention sur ce qui se passe au dedans de notre vie personnelle.

Il est vrai qu'il peut nous arriver de parler soit d'une *science de nous-même*, soit aussi de la *conscience* que nous aurions *d'un objet situé hors de nous.*

Mais ces expressions n'infirment en aucune façon ce que nous venons d'avancer. En effet, lorsque je parle d'une *science de l'âme* par exemple, je désigne par là, non pas le sentiment spécial que je posséderais de ma propre âme, mais la connaissance que j'ai de l'âme humaine en général, considérée, dans ce cas-là, comme un fait qui subsiste devant moi et indépendamment de moi-même. D'un autre côté, lorsqu'il serait question de *la conscience d'un objet situé hors de moi*, je désignerais simplement par là une impression qui aurait coïncidé, au dedans de moi-même, avec l'existence extérieure de cet objet. C'est ainsi que quand j'affirme, — sur le témoignage de mes sens, — que mon ami est devant moi, c'est là pour moi un fait de *science*. Je puis cependant baser la même affirmation sur ce qui ne serait qu'un pressentiment intérieur. Dans ce cas spécial, — si tant est qu'il se présente! — je me bornerai à dire que *j'ai eu conscience* de la présence de mon ami.

Sans doute, aussi bien que la science, la conscience constitue en nous un fait de connaissance. Mais, tandis que dans le cas de la *conscience*, cette connaissance est le résultat d'une impression purement passive, et qui a sa raison d'être au dedans de nous, — lorsqu'il s'agit de *science*, cette connaissance est le produit direct d'une activité de perception qui porte à chaque fois sur un objet situé hors de nous. Aussi est-ce toujours là le résultat d'un acte facultatif de notre libre volonté.

On ne saurait donc vouloir confondre ces deux faits. En particulier, on ne pourra jamais voir un fait de conscience, dans ce qui n'est qu'un fait de science. Quant à la thèse inverse, — quant à donner le nom d'un fait scientifique à ce que nous devons à la seule perception de notre conscience, — tout dépendra du sens qu'on attacherait alors à ce mot de *science*. Si l'on s'en tient au sens propre, il est évident qu'on ne saurait parler de la sorte. Science et conscience demeurent deux choses essentiellement distinctes.

Il se pourrait, cependant, que par ce mot de science on entendît désigner, non pas autant la nature spéciale du fait lui-même, que le caractère de vérité, de justesse, et par conséquent de certitude, qui se rattache à la perception *scientifique*. Dès lors, en affirmant que les faits de conscience ne sauraient être regardés comme des faits scientifiques, on aurait précisément préjugé la question qui nous occupe à cette heure.

Bornons-nous donc, pour le moment, à reconnaître que, si la conscience est bien une science, pour autant que ce mot implique l'idée de certitude et de vérité, c'est alors la science de nous-même, la science de ce qui se passe au dedans de nous. Dans le fond, c'est bien aussi ce qu'exprime ce mot de *conscience*, c'est-à-dire de *science avec soi*. C'est la science qui résulte, pour l'être pensant, du fait qu'il se place exclusivement en face de lui-même, qu'il demeure seul avec lui-même.

Après avoir ainsi distingué entre le sens du mot *conscience* et celui du mot *science*, appliquons-nous à analyser le phénomène spécial que désigne le premier de ces deux termes.

Pour cela, commençons par nous demander quelle espèce de perception caractérise ce que nous appelons en nous la *conscience*. Cela fait, nous chercherons à définir quel est, au dedans de nous, l'objet dont cette perception nous transmet l'impression.

II

La perception de conscience

Considérée comme une activité de perception, la conscience répond à ce que nous nommons un *sens ;* ce dernier mot signifiant alors ce qui demeure en nous le lieu, et l'organe, d'une perception.

C'est là, du reste, ce qui ressort du langage lui-même. Ce mot de *sens* s'emploie, en effet, aussi bien des impressions que nous reportons à ce qui vit en nous, que de celles qui proviennent de l'extérieur, ou que de ce que l'on nomme les *sensations*. On parlera de notre *sens intime,* comme on parlera de nos *cinq sens*.

Il est évident que dans ce cas-ci, l'épithète *d'intime* se rapporte à l'objet, et non à ce qui ne serait que le lieu spécial de ce *sens*. L'expression de *sens intérieur,* par cela même qu'elle n'indiquerait que le lieu, serait insuffisante ; vu que, comme nous l'avons déjà constaté, les impressions qui nous arrivent par le moyen des sens extérieurs, se perçoivent elles aussi en vertu d'une perception intérieure. Le sens intime signifie donc le sens par lequel nous percevons ce qu'il y a en nous *d'intime*, ou la sphère intérieure de notre être personnel.

Remarquons de plus qu'il n'est jamais question que d'un seul *sens intime*. Nos rapports avec le monde extérieur étant nécessairement fragmentaires, sont par là même multiples. Aussi avons-nous besoin, en face de ce monde là, de plusieurs « sens. » Mais le monde intérieur, le monde que nous portons au dedans de nous-même, n'a avec nous qu'une seule espèce de rapport, celui qui résulte d'une impression immédiate ou instinctive. Aussi ne parlera-t-on à cet égard-là que d'un seul sens.

Sans doute si, lorsque nous ne le considérons que dans son mode de perception, ce sens-là ne peut être qu'un, il n'en est plus de même quand il s'agirait de ses diverses activités. L'activité du sens intime, — de ce que nous appelons « notre conscience, » — prendra même plusieurs noms, suivant les divers objets auxquels elle s'appliquerait au dedans de nous.

Avant de spécifier ces objets, arrêtons-nous un instant devant ce fait, que le sens intime, — ou la conscience de notre moi central, — ne dispose au dedans de nous que d'une seule et unique perception. C'est de là, dans le fond, que provient ce sentiment de *l'unité du moi*, qui domine et réunit l'ensemble des activités si diverses de la conscience.

Cette impression d'unité, qui devient une habitude et un besoin pour notre pensée, aussi bien dans la vue du monde extérieur que dans notre expérience intérieure, a certainement sa source dans cette unité de perception du sens intime. En effet, vu leur caractère fragmentaire et multiple, les sensations qui nous viennent du monde extérieur ne sauraient, à elles seules, produire une impression d'unité dans notre perception actuelle, et par conséquent pour notre être lui-même. Cette impression d'unité ne résultera pas non plus, du fait que ces sensations se présenteraient comme ressortissant toutes à un même ensemble de phénomènes, ou à la manifestation d'une seule et même pensée suprême.

Ce qui semble prouver la justesse de cette remarque à l'égard du monde extérieur, c'est que l'animal, qui reçoit de ce monde-là les mêmes sensations que nous, demeure certainement étranger au sentiment de l'unité de ce monde, ou à l'impression de « l'univers. » Quant à ceci, qu'à elles seules ces sensations ne suffisent pas à nous révéler l'existence d'une volonté une et suprême, le fait si général du polythéisme suffit pour le prouver.

Sans poursuivre plus avant l'étude de ce trait spécial, je me borne à constater que, si toute impression de conscience implique pour nous le sentiment de l'unité du moi, cela ne saurait provenir que de ce fait, que toute impression de ce genre découle de ce qui est en nous une seule et même faculté de perception.

Avec cela, nous l'avons vu, on parlera de plusieurs « consciences, » suivant la portion spéciale de notre vie intérieure qui, dans tel ou tel moment, serait l'objet de cette seule et même perception.

C'est ainsi que nous possédons tous, au dedans de nous, la conscience de deux faits essentiellements distincts. L'un est l'activité vivante de notre moi. L'autre est un fait qui préside au dedans de nous à cette activité.

Sans doute, cette première « conscience » n'est pas uniquement la vue de l'activité du moi. C'est encore la vue de l'évolution régulière et normale de cette activité. Un exemple de ce que nous disons-là, est la conscience que nous possédons tous de la loi intérieure du *vrai* et du *beau*.[1]

[1] Un fait qui montre jusqu'à quel point la simple perception de conscience, ou la seule conscience de l'activité du moi, est digne d'être étudiée pour elle-même, c'est l'état

Quant à la conscience d'un fait qui présiderait en nous à l'activité de notre vie, c'est bien là proprement ce que nous désignons comme notre *conscience morale*. L'objet de cette conscience n'est pas l'activité régulière du moi ; c'est un fait qui nous apparaît comme subsistant au dedans de nous avant cette activité, puisqu'il se fait sentir comme exerçant une sollicitation sur la décision qui inaugure en nous cette activité.

Ce n'est donc pas, comme dans le premier cas, la vue d'un fait que cette activité réaliserait sous nos yeux. C'est au contraire le sentiment d'un fait que cette activité ne réalise pas nécessairement; bien plus ! qu'elle pourrait ne pas réaliser.

Nous appelons la conscience que nous avons de ce fait préalable, *la conscience de l'obligation morale*, ou *la conscience morale*.

de cette conscience pendant le sommeil. Pour n'en dire que ces deux mots, il est évident. par exemple, que, tandis que le *rêve* est un phénomène de conscience auquel manque la vue de la *norme* dans l'impression elle-même, le *cauchemar* est un fait de conscience qui, en face des impressions, demeure privé du sentiment de la *liberté* du moi.

C'est cette perception spéciale de conscience que nous aspirons à étudier ici.

La perception dont il s'agit se reconnaît d'abord à ceci : qu'elle nous transmet une *impression immédiate.* Elle présente de plus ce caractère, d'être une expérience *imposée directement à notre volonté elle-même.*

Disons d'abord ce que nous entendons par ce mot *impression immédiate.*

Nous désignons par là une impression qui nous arrive pour ainsi dire toute faite ; une impression que nous ressentons sans avoir rien fait pour cela; sans même l'avoir vue se former au dedans de nous; en sorte que nous ne saurions la discuter, n'ayant pu en observer ni la genèse ni les intermédiaires. et son apparition en nous n'ayant rien eu à faire avec notre propre initiative. A la différence d'autres impressions que nous pouvons susciter à notre gré, cette impression spéciale constitue donc au dedans de nous une expérience purement passive, une expérience qui nous est *imposée.*

Au premier abord, on pourrait croire qu'elle possède ce caractère en commun avec d'autres expériences de conscience, comme par exemple, avec la conscience que nous avons de notre propre existence. En effet, tandis que nous pouvons réveiller, ou laisser sommeiller en nous, la conscience de l'activité du moi réfléchi et de ses lois, nous ne saurions nous refuser à faire l'expérience de notre existence elle-même. Aussi est-ce là, pour nous, beaucoup plutôt une impression qu'une perception.

Mais si cette expérience, elle aussi, nous est de la sorte imposée, elle ne l'est pas *malgré nous*, comme c'est le plus souvent le cas pour celle de la conscience morale. Cela provient de ce que l'expérience de notre existence a lieu dans les limites de notre *sentiment* ; tandis que celle de notre conscience morale est imposée directement, nous venons de le dire, à *notre volonté elle-même*. Aussi bien, tandis qu'il n'y a rien en nous qui s'oppose à cette expérience de notre existence, — tandis que rien ne nous pousse à en mettre en doute la réalité, — n'en est-il pas de même de l'expérience que nous devons à notre conscience morale. Nous ne ne saurions même alors demeurer indifférents, puisque cette expérience possède ce caractère distinctif, qu'elle s'impose à *notre volonté*. — Ajoutons aussitôt, que ce n'est pas une expérience que nous ferions *par* notre volonté; que c'est bien plutôt une expérience *que subit* notre volonté. Elle a lieu au dedans de nous non pas en vertu, mais le plus souvent en dépit, de notre volonté. Notre volonté en est elle-même l'objet.

La preuve de ce que nous disons là, c'est qu'il nous est impossible de séparer, par la pensée, l'impression spéciale dont il s'agit, de quoi que ce soit qui l'aurait précédée, et qui l'aurait acheminée, en nous; de quoi que ce soit qui en serait l'organe permanent; en sorte que nous puissions en susciter, ou même en diriger, l'apparition au dedans de nous.

Il est vrai qu'on parlera quelquefois de la conscience morale, comme d'un fait qui subsisterait au dedans de nous à part de l'impression qu'il nous aurait transmise. Ce n'est là, cependant, qu'une figure de langage; analogue à celle dont nous usons lorsque nous parlons de notre imagination, de notre pensée, ou même de notre volonté, comme de facultés qui subsisteraient en nous à part des images, ou des sentiments suscités par ces diverses activités de notre âme.

Dans le fond, ce qui perçoit en nous, — ou notre âme elle-même, — est bien toujours présent tout entier dans chacune de ces activités ou de ces impressions. Tandis que les organes de nos sens extérieurs subsistent pour nous indépendamment des impressions qu'ils nous transmettent, — en sorte qu'ils peuvent ou demeurer inactifs ou agir simultanément, sans que pour cela leurs activités disparaissent, ou qu'elles se confondent, à nos yeux, — il n'en est pas de même des impressions transmises par le sens intime. Celles-ci sont toujours imposées directement à notre être lui-même.

Ce qui prouve que ces impressions-là impliquent à chaque fois la réceptivité entière du moi lui-même, c'est qu'elles ne sauraient avoir lieu simultanément. L'activité de l'imagination exclut celle de la pensée pure, comme cette obéissance immédiate de la volonté qui s'appelle la foi, est incompatible avec la marche méthodique de la logique. Aussi bien ne saurait-on se former une idée quelconque de ce qui, au dehors de ces impressions, en représenterait au dedans de nous la faculté ; de ce qui demeurerait en nous comme un organe permanent de l'imagination, de la morale, ou de la religion, abstraction faite de l'impression poétique, morale, ou religieuse elle-même.

Cette remarque n'est pas sans importance. *L'objectivisation* de nos facultés, si vous me permettez ce terme barbare, peut constituer pour nous un risque d'erreur. C'est bien là ce qui arrive à faire d'un poète l'esclave aveugle de « sa muse ; » d'un dévot celui de sa terreur, ou de son extase, religieuse ; d'un hégélien, celui du sentiment qu'il aurait de l'organisation formelle de sa pensée ; en général, de chacun de nous, l'esclave des impressions qui lui seraient le plus habituelles.

Pour ne parler que de l'objet spécial de la conscience morale, c'est aussi ce qui est en nous à la racine de cette maladie spéciale qu'on nomme, d'un côté, le scrupule de conscience, de l'autre l'indifférence, et la négligence volontaire, à l'égard de cette même conscience. Dans l'un et l'autre cas, on a commencé par faire, de l'organe de la conscience, comme un oracle qui, pour ainsi dire, subsisterait en nous à côté de nous-mêmes. On a donné ainsi, à la conscience, comme une existence propre au dedans de nous. Dès lors qu'arrive-t-il ? Cette conscience revêt nécessairement à nos yeux, pour elle seule et en elle-même, une importance qui ne saurait lui appartenir que grâce à la nature de l'objet dont elle nous transmettrait la perception. On en vient ainsi à faire, d'un simple organe de perception, un je ne sais quoi d'anonyme et cependant de redoutable, — une puissance incomprise, — en face de laquelle il ne peut plus être question que d'une soumission inintelligente, ou que d'une rébellion ouverte. C'est bien là le danger qui menacera toujours, par exemple, les partisans de la « morale indépendante. »

Sans doute, à la différence de la conscience que nous avons soit des lois de notre activité, soit des sensations extérieures, — conscience que nous pouvons évoquer à notre gré, — nous sommes passifs à l'endroit de notre conscience morale. Les impressions qu'elle nous transmet nous ont été, et nous demeurent, *imposées.*

C'est précisément là, cependant, ce qui nous permet d'apprécier clairement la nature et les droits de ces impressions. En effet, par cela même qu'elles se produisent en nous en dehors de notre initiative, nous sommes certains qu'elles ne contiennent rien qui puisse provenir de nos illusions ou de nos passions. Appréciée, non pas dans l'interprétation que nous lui aurions donnée mais en elle-même, l'impression de notre conscience morale est un fait normal, et entièrement étranger à toute erreur. Bien plus ! la constatation de cette impression-là n'est pas seulement chose licite ; elle constitue un devoir positif envers nous-mêmes. Le fait est que la perception de ma conscience morale ne peut-être séparée de la conscience de moi-même. Ces deux consciences sont si indissolublement unies, que je ne puis négliger l'une sans négliger l'autre. Il y a même davantage encore. Ma conscience morale domine si bien la conscience que j'ai de moi-même, qu'aussi longtemps que je retiens la conscience de mon moi, je me sens incapable de négliger l'impression que m'impose ma conscience morale.

Avec cela, cette conscience morale me transmet l'impression d'un fait entièrement à part dans la vie de mon moi. Si elle accompagne nécessairement la conscience que j'ai de moi-même, elle ne se confond nullement avec elle. Elle y est attachée, mais elle en demeure distincte. Il y a là comme une dualité, laquelle s'oppose même en moi au sentiment d'unité qui est cependant inhérent à la conscience que je possède de mon être.

Cette dernière remarque nous amène à passer de la *perception* de conscience, à ce qui constitue au dedans de nous *l'objet* de cette perception.

III

L'objet au dedans de nous de la perception de conscience

La première chose à constater à cet égard, c'est la réalité positive de cet objet de conscience ; c'est son objectivité essentielle. Notre conscience morale est bien en nous une *perception.* Ce n'est pas une impression subjective, dans le sens d'une impression qui n'aurait pas de raison d'être en dehors de ce qui la ressentirait en nous. Non-seulement l'objet de cette perception existe au dedans de nous, mais il s'y impose à notre perception, il y subsiste en face et parfois en dépit de nous-mêmes. Ce dont ma conscience morale me transmet l'impression, bien que subsistant au dedans de moi, n'a pas sa raison d'être dans ma volonté, laquelle, au contraire, m'apparaît comme subissant elle-même tout d'abord cette impression. Il y a, nous l'avons dit, au delà et au-dessus de l'activité libre de ma vie, un fait préalable qui préside chez moi à l'épanouissement initial de cette vie ; puis qui en précède devant moi la libre manifestation. Cela est si vrai que ce fait porte un nom spécial. Tous nous l'appelons : l'objet en nous de notre conscience morale.

Je ne saurais me contenter d'avoir dit, de cet objet, que c'est la loi de ma vie ; car ce que ma conscience morale me fait entrevoir n'est pas ce qui *est* en moi dans le moment où je le perçois; c'est ce qui alors *doit encore être* en moi. C'est même à ce trait spécial que je reconnaîtrai cette impression. Tous nous désignons ce que notre conscience morale nous fait percevoir en nous, non pas comme un fait qui y serait déjà accompli, mais comme le résultat encore à venir d'une autorité qui tend à s'y exercer. Nous l'appelons *le devoir*, c'est-à-dire, ce que nous nous *devons* encore à nous-mêmes.

Notre conscience morale diffère donc de toutes les autres perceptions de conscience en ceci que, tandis que ces dernières sont la perception de faits dont notre activité est *le sujet,* la conscience morale nous met en face d'un fait en nous, à l'égard duquel cette activité occupe la position d'un *objet.*

Ce n'est pas sans doute qu'il n'y ait des esprits qui nient ce que nous disons là. On a même été jusqu'à refuser à la conscience morale, le droit d'être ainsi regardée comme l'expérience, au dedans de nous, de quelque chose qui nous soit réellement objectif.

Le fait qu'une semblable négation se produit encore après Kant, suffit pour montrer qu'il n'est pas au pouvoir de la logique de la réduire au silence. Et dans le fond cela est naturel ! Il s'agit là, en effet, d'une expérience aussi exclusivement que directement personnelle ; d'une expérience qui, par conséquent, ne sera jamais appréciéo que par celui chez lequel elle a lieu. Lorsqu'il est question de quelque erreur dans telle ou telle perception des sens, on peut la rendre évidente à celui chez lequel elle s'est produite, en faisant appel chez lui au témoignage d'une autre perception sensible. Les perceptions de nos sens sont en effet contrôlées les unes par les autres. Mais l'impression perçue par le sens intime ne peut être contrôlée que par elle-même. En particulier, puisque la conscience de l'obligation morale se présente comme la perception d'une autorité qui s'exerce sur notre volonté, tout ce que nous pouvons faire pour en discerner le caractère, c'est d'examiner toujours à nouveau comment notre volonté aurait ressenti cette impression. C'est spécialement d'examiner si elle se fait réellement sentir à nous en dehors de notre initiative; si elle apparaît en nous indépendante de nos décisions, si notre volonté en serait après tout le *sujet* ou la source; ou bien s'il est pour nous hors de doute que notre volonté en demeure réellement devant nous *l'objet*.

C'est bien seulement après que nous nous serons clairement rendu compte de ce premier fait, que nous pourrons examiner quelle peut être la cause prochaine de ce que nous ressentirions, au dedans de nous, comme l'action d'une volonté subsistant en face de la nôtre.

Quant à nous, nous posons ici en fait, que la conscience morale est au dedans de nous la perception d'une sollicitation qui s'exerce, indépendamment de notre initiative, sur l'instinct qui est au point de départ des décisions de notre volonté réfléchie.

De plus, cette sollicitation, loin de nous apparaître comme une limitation injuste et anormale de notre liberté, s'accompagne bien plutôt au dedans de nous d'une autorité dont nous ne saurions mettre seulement en question les droits, sans sentir aussitôt que nous aurions, par là même, porté la main sur ce qu'il y a de plus sacré au centre de notre personnalité.

Aussi sommes-nous tous contraints de respecter cette autorité. Non seulement nous la laissons s'affirmer devant nous, — ce qu'il nous serait d'ailleurs impossible d'empêcher, — mais nous nous voyons astreints à en traduire l'impression au moyen d'une *loi* que nous nous formulons à nous-même. Sans doute, même après cela, nous demeurons libres de ne pas obtempérer à cette loi. Mais il nous est impossible de nier l'autorité dont elle est devant nous l'expression. Tous nous la désignons par ces deux mots, qui impliqueraient une contradiction s'ils n'étaient pas bien plutôt la constatation d'une défaite: « la *loi* de notre *liberté* ».[1]

Ici on nous arrête. Avez-vous le droit, nous dit-on, de statuer ainsi, au point de vue de l'autorité, une différence aussi essentielle entre la conscience morale, et ce

[1] L'auteur a publié quelques pages sur ce fait spécial, sous le titre: « *La place de la liberté dans le rapport religieux*, » dans la *Revue de théologie et de philosophie*, juillet 1883.

que vous avez appelé la conscience des lois de l'activité de notre moi? Ne parle-t-on pas de la loi de la logique et de l'esthétique, par exemple, comme de lois aussi absolues que le serait pour nous la loi morale?

C'est là ce qu'on ne saurait avancer. Ces premières lois ne font pas partie de la seconde, vu que le mot de *loi* n'a pas la même signification dans les deux cas.

Sans doute, les « lois » du vrai et du beau nous sont, elles aussi, imposées. Nous ne sommes à même que de les formuler; nous ne les inventons pas. Mais c'est le fait même de notre libre activité qui les a tout d'abord placées sous nos yeux. Loin d'être dictées à notre liberté, c'est l'action de notre liberté elle-même qui nous les dicte. Nous les lisons en nous-même. Elles ne nous apparaissent pas comme subsistant en dehors et au-dessus de notre libre volonté.

On ne saurait dire de même, de la loi morale, que nous n'avons qu'à l'apprécier dans notre libre activité. C'est bien une action que nous avons à subir, et à subir dans la direction première de notre volonté personnelle elle-même. Ce n'est pas là un fait d'activité propre. Au contraire, c'est ce qui tend, en nous, à produire une activité semblable. Avec cela, c'est un fait qui ressortit à notre vie personnelle, et qui demande à être apprécié comme une portion de cette vie.

Cela même, cependant, ne vient ici qu'en seconde ligne. Ce que ce fait exige avant tout, c'est *l'obéissance.* En effet, sa première apparition au dedans de nous n'est ni un acte ni une parole. C'est une action ; et une action qui, s'exerçant sur notre volonté elle-même, constitue nécessairement un ordre. C'est au dedans de nous une action qui tend à nous imposer un principe d'action. Ce n'est donc pas un fait déjà accompli ; un fait qui apparaîtrait au dedans de nous tel qu'il doit être. C'est un fait qui tend à s'accomplir. C'est une volonté qui tend à s'y réaliser. Disons mieux ! ce n'est pas en nous *la présence,* non ! c'est uniquement la *prévision*, parfois même *l'appréhension*, d'une loi de vie que nous allons devoir formuler malgré nous, souvent même contre nous.

Sans doute, on peut dire de la formule du vrai et du beau, que c'est là aussi, au dedans de moi, une *loi* de vie. Tel ne sera pourtant jamais le cas que parce que et pour autant, non pas que j'en aurai fait la *loi*, non! mais que j'y aurai reconnu la *norme*, ou la *règle*, de mon activité. Si ensuite, après avoir reconnu cette règle, je la néglige; si je lui refuse mon attention et mon obéissance, — je n'aurai fait tort qu'à ma seule activité. La logique de mon esprit, les harmonies de ma pensée et de mes instincts, tout cela est bien uniquement mon activité. Si donc j'ai méconnu ces règles, ce sera sans doute une erreur; il pourrait même arriver que ce fût une faute. Même alors, cependant, cette faute ne toucherait ni directement, ni nécessairement, à ce qui serait un rapport entre moi et un autre que moi. Aussi les conséquences n'en pénétreront-elles pas au-delà de la sphère de mon activité propre. Je puis en éprouver des regrets, je ne saurais devoir m'en repentir. Cette « faute » n'a blessé que moi seul. — Il n'en est certainement pas ainsi d'une transgression de la loi morale.

Les choses étant telles, il semble bien évident que, dans ce qui produit en moi le sentiment de l'obligation morale, *il y a autre chose au dedans de moi que moi-même*; qu'il y a là, réellement, au dedans de moi, quelque chose d'antérieur à l'éclosion de mon activité réfléchie; et, de plus, que c'est là quelque chose de si réel, de si réellement *objectif* à ma liberté personnelle, que ce quelque chose va jusqu'à s'arroger, sur cette liberté, des droits que je ne saurais seulement mettre en question.

Ce fait est d'une telle importance qu'il conviendra, pour le mettre en lumière, d'ajouter l'exemple de quelques faits à ce qui n'a été jusqu'ici qu'une analyse d'idées abstraites.

IV

Quelques exemples

A lui seul, le choix des faits me rappelle forcément la grande objection que soulève ma thèse.

A peine jeté-je les yeux sur les manifestations de l'autorité de la conscience, que je suis frappé, en effet, non seulement de leur infinie diversité, mais surtout de ce que cette autorité emprunte toujours plus ou moins son expression à ce qui, dans chaque cas spécial, découle de l'époque, de la race, du milieu, et des circonstances historiques.

Cependant, ce n'est pas de telles ou telles manifestations de conscience qu'il s'agit ici pour nous. C'est, en face de ces manifestations si diverses, parfois même contradictoires, de la présence, dans chacune d'elles, d'un élément commun grâce auquel elles nous apparaissent toutes également la manifestation d'un seul et même fait, et d'un fait indépendant de l'initiative de celui chez lequel nous les observons.

Aussi bien n'hésiterions-nous pas de la sorte, si nous pouvions faire choix, pour notre analyse, non pas de tel ou tel homme, mais de l'homme lui même; si nous pouvions mettre ici sous vos yeux un de nos semblables, chez lequel le caractère individuel ne serait bien qu'un accident temporaire, qu'un voile transparent, qui laisserait nos regards pénétrer librement jusqu'à un fait de vie essentiellement et normalement humain, jusqu'à la personnalité humaine elle-même.

Si je disais que nous le possédons, ce fait; — si, évoquant devant vous le souvenir du « fils de l'homme », je me contentais de vous rappeler cette personnalité sinon étrangère, du moins absolument supérieure, à tout de qui trahissait en elle une existence individuelle; — si je prenais pour exemple de la conscience humaine la conscience de Jésus de Nazareth, — je vous aurais sans doute nommé Celui qui demeure à mes yeux le seul exemple historique du fait humain normal. Mais aussi, et du même coup, j'aurais rendu notre étude superflue.

Cette personnalité de Jésus, en effet, ne se présente de la sorte qu'à l'expérience de la foi. Or, dès que nous nous en tenons à notre point de vue de croyants, nous n'avons plus besoin qu'on nous démontre l'autorité de la conscience morale, puisque notre foi est déjà le résultat, en nous, de l'obéissance à Celui dont seule cette autorité nous avait amenés à accepter le témoignage.

Ce n'est donc pas dans l'expérience de la foi que nous choisirons nos exemples.

Ce sera à un niveau inférieur. Ce sera dans l'expérience de cette vie morale que nous avons en commun, nous croyants, avec tous nos semblables ; ayant soin, même là, de la prendre aussi loin que possible de toute influence, même indirecte, de la foi chrétienne.

Je prends l'exemple de Socrate.

Il n'est personne qui ne se trouve, dans la vie et dans la mort de Socrate, en face d'un fait de conscience morale.

Bien plus ! nous prenons tous le parti de Socrate contre ses juges. Il y a donc, pour nous tous, quelque chose de positif dans l'autorité à laquelle a obéi Socrate. Or, les impressions qu'il avait reçues du dehors et qu'il en recevait chaque jour, ne suffisent aucunement à motiver et à expliquer cette autorité. C'est donc bien au dedans de lui qu'il en faut chercher le point de départ.

Ou bien dirons-nous que l'héroïsme de cet Athénien ne consiste, après tout, que dans le choix qu'il a su faire entre deux espèces opposées d'impressions qui, les unes et les autres, auraient eu leur source dans le milieu dans lequel il vivait ? Dirons-nous que sa grandeur ne résulte pour nous que du fait qu'il aurait su, par exemple, substituer la réflexion de son âge mûr aux impressions de son enfance?

Encore resterait-il à rendre compte de la raison qui l'a poussé, et cela d'une façon aussi décidée et aussi persistante, à faire, lui seul de tous ses contemporains, un choix aussi imprévu, et dont personne autour de lui n'a su apprécier la légitimité.

Ou bien ne verrait-on là dedans qu'un pur hasard, qu'un accident de volonté, auquel il nous est impossible d'assigner un motif quelconque? Alors, pourquoi, malgré cela, sommes-nous tous d'accord à l'admirer?

Du reste, telle n'a pas été sa propre pensée à cet égard, On sait ce que Socrate se plaisait à appeler son génie, ou son « démon familier. » Que pouvait-il vouloir désigner par ce terme insolite, sinon ce qu'il ressentait, non seulement comme un fait intérieur à la sphère de sa personnalité, mais, avec cela, comme un fait étranger, en même temps que supérieur, à sa volonté? C'était, dis-je, un fait *intérieur;* puisqu'il lui apparaissait, au dedans de lui, comme une voix distincte de toutes celles qui n'étaient qu'un écho du dehors. Et c'était, à ses yeux, un fait *supérieur* à sa volonté; puisque cette voix s'affirmait en lui de façon à imposer silence à l'instinct de sa propre conservation.

On objectera que c'était précisément là l'erreur de Socrate; vu que, s'il *n*'y avait pas eu chez lui d'erreur à cet égard, nous devrions, encore aujourd'hui, regarder comme autant d'oracles ce que lui dicta « son démon. » Nous pouvons admirer sa sincérité, dira-t-on, tout en reconnaissant qu'il s'est mépris, lorsqu'il a ainsi donné une valeur absolue à ce qui n'était au fond qu'une impression accidentelle.

Mais il faut distinguer entre l'usage que Socrate a fait des impressions de sa conscience, et l'autorité qu'il s'était tout d'abord vu forcé de concéder à ces impressions.

Qu'on admette, si l'on veut, une erreur dans la manière dont Socrate a apprécié ces impressions; dans le nom qu'il a donné à l'autorité à laquelle il a obéi jusqu'au sacrifice de sa vie. La question n'est pas là! Elle est tout entière dans le fait de savoir s'il a eu tort d'obéir; c'est-à-dire d'attribuer à ces impressions spéciales une autorité absolue sur sa volonté. La question est de savoir si nous devons le plaindre, ou même le blâmer, d'avoir ainsi sacrifié sa vie au sentiment des droits de cette autorité.

Je prends un autre exemple. Je le choisis encore aussi loin que possible de toute influence provenant de notre foi. De plus, je l'irai chercher, maintenant, non plus sur les hauteurs, mais dans les bas-fonds, de l'humanité.

Le voyageur anglais Wallace, naturaliste, non seulement dans le sens de collectionneur et d'observateur d'insectes et d'oiseaux, mais comme sectateur avoué de cette école qui arbore le drapeau du « naturalisme, » nous racontait, il y a quelques années, dans des pages pleines de fraîcheur, de vérité et d'intérêt, sa visite aux Dayaks de Bornéo.

La conscience de ces gens-là ne ressemble guère à celle de Socrate, si ce n'est en ceci, qu'elle possède, pour eux aussi, une autorité absolue.

Au fond, ce sont de bonnes gens; et même, à plusieurs égards, des gens dont la conduite pourrait nous faire rougir de la nôtre.

Doux, affables, hospitaliers, ils semblent ignorer jusqu'à la pensée du mensonge et du vol. Victimes, depuis des siècles, de la tyrannie des Malais, nation de pillards et de forbans, ils forment, par plusieurs traits de leur caractère, un contraste frappant avec ce dernier peuple, qui leur est d'ailleurs très supérieur dans cette espèce de civilisation que produisent des relations étendues de navigation et de commerce.

Avec cela, ces Dayaks sont de redoutables chasseurs d'hommes, et d'invétérés coupeurs de têtes.

Ce n'est pourtant pas là chez eux le résultat d'un naturel féroce. C'est bien, comme chez les « étrangleurs » de l'Indostan, affaire d'honneur et même de *conscience.* Aussi déploient-ils, à cette chasse aux hommes, une persévérance, une patience, et un courage qui leur font complètement défaut lorsqu'il s'agit pour eux de la défense de leur propre vie, ou de la protection de leurs familles.

Voilà, certes, une singulière manifestation du sentiment du devoir! Elle ne l'est cependant pas plus, — pour le dire en passant, —

que telles formes du « fanatisme religieux » chez les nations « chrétiennes » elles-mêmes. — Si je l'ai choisie entre beaucoup d'autres, c'est qu'elle nous apparaît d'un côté chez un peuple encore voisin de l'état de nature, et de l'autre chez des hommes ornés, malgré cela, de vertus qui feraient honneur aux nations les plus avancées.

Vous me direz, peut-être, que des faits semblables sont précisément ce qui démontre, avec la dernière évidence, jusqu'à quel point la voix de la conscience est peu propre à être regardée comme une règle absolue.

Encore une fois, il faut distinguer! — Si vous voulez parler de la façon spéciale dont les Dayaks entendent le devoir, vous ne risquez guère d'être contredits en dehors des forêts où s'abritent leurs tribus.

Mais ici encore, la question n'est pas là! Il ne s'agit pas de savoir si le malheureux sauvage a tort de prétendre que tel est bien son devoir. Il s'agit de se demander s'il aurait raison de soutenir qu'il n'est pas lié par l'autorité qui accompagne pour lui la pensée de son devoir; ou bien, — ce qui revient au même, — s'il devrait soutenir qu'il n'y a point pour lui de devoir.

Cet exemple, ainsi que tous les faits du même genre, nous amène bien plutôt à distinguer clairement entre la voix que l'homme prête à sa conscience dans tel ou tel cas, et l'autorité absolue dont s'accompagne à chaque fois cette voix. Les gens dont nous venons de parler, nous l'avons entendu, sont loin d'être des natures sanguinaires et féroces. Qu'elle est donc puissante l'autorité qui les force, de la sorte, à des actes aussi diamétralement opposés à tout le reste de leur vie!

Vous me direz peut-être qu'il faut y voir le résultat chez eux d'une influence extérieure; celui de l'autorité de leurs prêtres, par exemple, ou des traditions de leur race.

Il ne paraît pas que les Dayaks aient des prêtres. Resteraient leurs traditions. Encore faudrait-il expliquer ce qui les porte à accepter et à perpétuer de semblables traditions! Il faudrait surtout être prêt à dire comment ces traditions ont pu s'inaugurer ou chez eux-mêmes, ou chez ceux qui les leur auraient transmises. Evidemment, rien ne saurait expliquer ce fait, sinon le caractère absolu de l'autorité qui a revêtu chez ces peuples cette forme spéciale.

Mais laissons là ces exemples éloignés ou étranges, pour des faits comme il s'en passe trop souvent sous nos yeux! — J'aurai soin, là aussi, de mettre devant vous un fait aussi étranger que possible à toute foi religieuse.

Je suppose un jeune homme de notre monde qui, après avoir été élevé en dehors de toute religion positive, a glissé jusqu'au fond de ces abîmes où les passions de son âge arrivent trop souvent à précipiter même les plus forts.

Arrivé là, le vertige s'empare de sa pensée. Sa vie est perdue; son passé le dégoûte; son corps avili n'est plus pour lui qu'un fardeau; son esprit a dépouillé jusqu'à la dernière des illusions qui lui avaient tenu lieu de foi. Seul avec lui-même, voici le remords qui se dresse dans son âme!

N'y a-t-il rien de positivement objectif dans ce qui, chez cet homme, est à la racine d'une douleur si profonde, si aiguë, qu'elle va lui rendre insupportable le sentiment de l'existence elle-même? Mais, si cette douleur n'est due qu'à une hallucination, que ne se hâte-t-on de la dissiper! Vous me dites que précisément le fait que c'est une hallucination maladive, rend la chose impossible; puisque c'est alors le résultat de l'état physique auquel l'organisme de cet infortuné a été réduit par le désordre ou par les excès de sa vie.

Je veux bien qu'il y ait en effet dans ses organes un trouble maladif. Mais pourquoi traduit-il le malaise qui en résulte, en une accusation formelle portant sur sa volonté elle-même ? Pourquoi *s'accuse-t-il*, lui, de ce malaise? Pourquoi ce qui se réduit dans le fait à une rupture d'équilibre, se montre-t-il ainsi, dans sa conscience de lui-même, sous cette forme si caractérisée du remords ?

Ou bien ne verriez-vous aussi dans cette circonstance qu'un fait sans raison d'être? qu'un pur accident? qu'un fantôme de la pensée? qu'une conclusion entièrement gratuite ?

Mais ce serait là avoir aussi affirmé, que tout sentiment quelconque de culpabilité est faux en soi! — Resterait à expliquer la puissance écrasante qu'exerce tout sentiment de cette nature!

Sommes-nous prêts à dire, par exemple,

qu'au moment où ce malheureux saisira l'arme qui va mettre fin à son existence actuelle, il a raison de vouloir ainsi se débarrasser d'un sentiment auquel ne répond rien de réel ? — Ce sentiment, c'est qu'il a foulé aux pieds tout ce qui pour lui s'appelle du nom de devoir. Peut-être, parmi les devoirs qu'il énumère à cette heure avec effroi, en est-il, en effet, dont l'impression ne repose que sur un préjugé. Il est même probable que tel est le cas.

Mais, encore une fois ! ce n'est pas de la pensée par laquelle il a formulé l'impression qui le domine, qu'il est ici question ; c'est de l'autorité qui accompagne cette impression, bien plus ! c'est du caractère inexorable, absolu, indiscutable, de cette autorité !

On peut tout accorder quant au premier point. Mais dès qu'on se décide à nier le second, il faut être prêt à soutenir que celui dont nous parlons aura bien fait de se tuer. On devra même, avec les païens de la décadence, le louer du courage qu'il lui aura fallu pour cela.

Ou bien, hésitez-vous à aller jusque-là ?

Continuez-vous à estimer qu'il eût mieux fait de ne pas se tuer?

Vous affirmez alors, par là même, que le remède auquel il a eu recours n'en est réellement pas un. Cependant, dire que cet acte n'a pas atteint son but, c'est avoir affirmé non seulement que la vie personnelle de cet homme a persisté après cet acte (cela n'est pas en question!), — mais que cette vie renfermera encore la même angoisse à laquelle il avait voulu se soustraire en se tuant. Or, si cette angoisse a persisté, c'est que l'autorité qui la lui a imposée a persisté elle aussi. En d'autres termes, c'est que le fait intérieur qui s'était manifesté de la sorte pendant la vie terrestre de ce malheureux, s'est retrouvé au dedans de lui après sa mort.

Avait-il donc tort, pendant sa vie, de regarder déjà ce fait intérieur dont il avait conscience, comme positivement supérieur à sa libre initiative? N'est-il pas évident que, déjà alors, cette autorité provenait de quelque chose qui dominait positivement sa vovolonté; puisque ce « quelque chose » persistera à la dominer, en dépit du changement le plus foncier dans l'exercice de cette volonté ?

Faisons donc, de nouveau, une différence essentielle entre *le langage* que nous prêtons au sentiment de l'obligation morale, et ce qui persiste au dedans de nous-mêmes dans *l'autorité* qui accompagne ce sentiment. Sachons toujours distinguer entre la légitimité de tel ou tel devoir concret, et le caractère d'obligation qui accompagne pour nous tout ce que nous regarderions comme un devoir. Sachons parler d'une conscience plus ou moins éclairée, plus ou moins vigilante ou fidèle, sans rien enlever par là, dans notre pensée, au caractère indestructible de toute autorité de conscience quelle qu'elle soit.

Ce caractère se montre en ceci que cette conscience, quoi que ce soit qu'elle perçoive en nous, y rendra témoignage avec une autorité absolument supérieure à l'initiative de notre volonté réfléchie, et qui demeurera aussi indépendante de notre approbation que de nos protestations.

Cependant, s'il y a ainsi, dans ce que nous appelons « la voix de la conscience, » quelque chose de positif, quelque chose qui demeure objectif à ce qui au dedans de nous en ressentirait l'autorité, — tâchons de préciser la nature d'un fait que chacun de nous porte ainsi en lui-même.

V

Nature du fait perçu par la conscience morale

Qu'est-ce que ce fait intérieur à mon être, et qui m'apparaît pourtant en moi distinct de moi-même ? — ce fait qui se révèle au dedans de moi grâce à une impression produite sur ce qui précède la décision de ma libre volonté ?

Quel nom donnerons-nous à cette protestation qui, quelque imparfait, ou même quelque étrange que soit parfois le langage que je lui prête, n'en fait pas moins taire au dedans de moi jusqu'au sentiment de ma liberté ?

Comment désigner l'origine en moi de cette voix sans accents ; de cette autorité qui, bien que silencieuse, s'affirme néanmoins au centre de mon être ; au sein même de ce sanctuaire où ne saurait pénétrer l'analyse de ma pensée réfléchie, et où ne peut atteindre l'action de ma libre volonté?

Qu'est-ce donc que ce je ne sais quoi en moi qui, lorsque j'ai résolu de m'entourer de silence et de solitude, empêche cependant que je sois seul avec moi-même ?

Dirons-nous, nous aussi, que ce « quelque chose, » c'est la présence de Dieu lui-même ? Irons-nous jusqu'à voir, dans l'expression que nous serions arrivés à donner à cette loi, la voix même de Dieu en nous ?

On a souvent donné ce nom à la voix de la conscience. C'est même là une façon de parler habituelle. Avec cela, dès qu'il s'agit d'une définition exacte des faits eux-mêmes, c'est certainement, du moins sous cette forme absolue, une assertion à laquelle il faut entièrement renoncer.

En effet, si « la voix de la conscience » est une voix de Dieu en nous, d'où vient que nous en parlons tous comme de la voix de *notre* conscience ? D'où vient que, tout en nous y soumettant nous-mêmes, nous n'aurons jamais l'idée d'affirmer, pour cette seule raison, que d'autres que nous doivent aussi s'y soumettre ? Si nous l'appelons *notre* conscience, ce n'est pas seulement parce que cette voix *habite en nous* ; c'est bien parce que c'est là, à nos yeux, un fait qui nous demeure exclusivement personnel. Comment admettre, pour ne parler que de nous-mêmes, que ce qui serait ainsi une « voix de Dieu, » se trouve parfois nous avoir commandé des actes, dont elle-même condamnera plus tard le souvenir ?

Et pourtant, — du moment où nous nous arrêtons devant le caractère absolu de l'autorité qui l'accompagne en nous, — pourrions-nous jamais, sans nous ravaler nous-mêmes, rapporter une autorité semblable à qui que ce soit qu'à Dieu seul?

Rappelons le trait caractéristique de cette autorité ! Ce n'est pas comme un *fait*, c'est bien sous la forme d'une *action vivante*, qu'elle apparaît au dedans de nous. De plus, ce n'est pas comme une action dont nous ne serions que les spectateurs; c'est bien avant tout comme une action qui nous a eus, nous, personnellement, pour objets. Je dis « qui nous a eus ; » puisque c'est là une sollicitation qui, lorsque nous nous sommes mis à l'apprécier, avait déjà eu lieu au dedans de nous; puisque, au moment où nous nous mettons alors à réfléchir notre volonté, cette volonté nous apparaît comme ayant déjà été, avant que nous l'ayons réfléchie, l'objet de cette mystérieuse sollicitation.

A quel autre agent attribuer une action semblable qu'à l'Etre qui, parce qu'il a créé notre liberté, est seul à même d'y toucher ainsi directement sans par là même la détruire?

N'est-il pas de toute évidence que cette action ne peut être en nous qu'une action personnelle? Ce n'est pas sous la forme d'une idée, ou d'une loi abstraite proposée à l'appréciation de notre pensée, que cette autorité inaugure au dedans de nous son impression. Quand nous nous mettons à l'analyser, c'est que nous la trouvons déjà imposée à notre liberté elle-même.

Or il n'est pas de désignation plus claire de l'Etre divin, que celle de l'être *qu'on adore*; c'est-à-dire, précisément, de l'être devant lequel notre liberté se trouve avoir abdiqué.

Tant que je ne suis pas résolu à regarder mon existence comme un simple phénomène de nature; — aussi longtemps que je n'ai pas dépouillé le sentiment instinctif de ma responsabilité, — il semble que je ne puisse chercher plus bas ou ailleurs qu'en Dieu lui-même, l'auteur d'une impression produite ainsi, non pas sur l'activité, mais, plus haut que cela! sur la direction première, de ma volonté. Un tel fait ne peut être attribué qu'à l'action d'un être personnel ; et, de plus, qu'à celle de l'être dont la personnalité, distincte de la mienne, a des droits supérieurs aux droits actuels de ma liberté.

A-t-il donc tort, l'homme de tous les temps, lorsqu'il reconnait, dans ce fait qu'il recèle en lui-même et que lui révèle sa conscience, la présence active, au dedans de lui, du seul être devant lequel il soit loisible à la créature libre de dépouiller les droits sacrés de sa propre personnalité ?

Pour résoudre la difficulté provenant de ces deux vues opposées du même fait, il nous faut examiner de plus près la différence que nous avons déjà été appelés à statuer, entre l'impression morale considérée en elle-même, et la façon dont je formule cette impression ; c'est-à-dire entre « la voix de ma conscience, » et le sentiment, ou l'expérience, d'obligation à laquelle j'ai moi-même prêté cette voix.

Le fait est que, quel que soit le respect absolu et involontaire que nous inspire à tous *l'autorité* de la conscience, personne n'en a jamais accepté passivement, ni suivi aveuglément, « la voix. »

Je commence toujours par examiner la voix de ma conscience. Je discute chacun de ses ordres à mesure qu'il s'est formulé dans mon âme. Je le soumets alors à une étude toujours attentive, parfois même anxieuse et prolongée.

A cet égard, je n'hésite pas à m'entourer de toutes les lumières dont je dispose. Bien mieux ! je fais cela avec le sentiment très distinct, non seulement que cela m'est *permis*, mais que j'accomplis ainsi un *devoir*. En effet, je le fais avec d'autant plus de soin, de zèle et d'exactitude, que je me montre plus *consciencieux* à l'endroit de ce que semble m'ordonner ma conscience.

Qu'est-ce à dire, Messieurs ? — Y aurait-il deux consciences en moi ? L'une inférieure, usuelle, adventive, sujette à errer ? — l'autre, une conscience supérieure à celle-là, une conscience dont les arrêtés seraient seuls définitifs et assurés ?

Non, sans doute ! Parler de la sorte serait jouer sur les mots. Ce qu'il faut dire c'est que, dans « la voix » de notre conscience morale, se trouvent réunies deux choses qu'il importe de savoir distinguer. Notre conscience morale est un fait complexe. C'est la conscience, ou la perception au dedans de nous, de deux phénomènes, et de deux phénomènes différents d'importance.

Si j'examine ce que j'appelle *la voix* de ma conscience, — si j'attends, pour obéir, d'en avoir clairement discerné le caractère obligatoire, — je n'agis jamais de la sorte à l'égard de *l'autorité* dont je sens cette voix s'accompagner au dedans de moi. Mon être tout entier se tait bien plutôt instinctivement devant l'impression de cette autorité. Ce ne sont jamais ses droits que je mettrai en question. Je n'oserais même y songer. Je sens que ce serait là porter atteinte à ce qui constitue en moi la loi, la norme, de mon être lui-même. Même dans mes plus mauvaises heures, dans mes heures de rébellion, je ne m'attaquerai jamais directement aux droits de cette autorité. Tout ce que j'ose faire alors, c'est de discuter, non pas la façon absolue dont ces droits se sont fait sentir, mais bien uniquement l'expression dont je les avais moi-même revêtus. De même quand, désireux de suivre ma loi, j'examine attentivement ce que me dit ma conscience, le soin que j'apporte à cet examen, — en même temps qu'il témoigne de ce qui est à mes yeux, le caractère positif, et la réalité, de cette autorité, — est la preuve la plus éclatante du respect involontaire que m'impose le fait auquel je m'efforce de donner ainsi une expression claire et adéquate.

Considérée en elle-même, l'autorité de ma conscience demeure donc absolue devant ma pensée. Pour l'esprit le plus audacieux, il ne peut seulement être question de doute ou d'examen. Il y a là, même pour un tel homme, un fait indéniable. Ce qui le prouve c'est que, fût-il même devenu à ce point profane, que de récuser les droits de la conscience sur sa propre liberté, il ne manquera jamais d'invoquer ces mêmes droits, dès qu'ils lui sembleraient limiter à son avantage la liberté d'autrui.

Le fait est que, pendant que j'examinerai la légitimité de la formule que j'aurais donnée à cette autorité, ce sera la nature essentielle de cette autorité qui constituera alors pour moi la suprême et dernière instance. Plus j'hésite à me prononcer, plus « mes scrupules de conscience » revêtent de gravité à mes yeux, plus je m'attache aussi à rapprocher toujours de nouveau le caractère relatif de l'expression que j'ai donnée au témoignage de ma conscience, du caractère absolu que conserve devant moi son autorité.

Aussi, bien que je n'ose nommer ce témoignage de ma conscience « une voix de Dieu, » en est-il autrement pour moi de l'autorité au nom de laquelle ce témoignage aspire à se faire entendre. Celle-ci est absolue ou suprême, définitive, sans appel, irrécusable, toujours la même ; en un mot c'est bien là toujours pour moi une autorité *divine.*

Ici, cependant, nous touchons à ce qui doit être regardé comme la difficulté centrale de notre sujet.

Comment, me direz-vous, séparer, autrement que par un artifice de langage, l'*autorité*, de ce qui ne serait que *la voix,* de la conscience ? Cette autorité se fait-elle jamais sentir à nous comme un fait à part ? Est-elle jamais, pour notre expérience, distincte du commandement spécial par lequel nous la traduisons ?

Au premier abord, cette difficulté paraît très réelle. Il semble, en effet, qu'il s'agisse d'apprécier ce qui se passe dans cette sphère de vie instinctive, où ne pénètre pas l'analyse de notre pensée, et dont nous ne pouvons aborder directement le mystère.

Avec cela, il nous arrive chaque jour de distinguer, sans hésiter, entre l'instinct du devoir considéré en lui-même, et l'expression que nous aurions donnée à cet instinct. Il nous arrive à tous de ressentir au dedans de nous l'autorité de l'instinct moral, comme un fait qui aurait précédé, quelquefois même de fort loin, l'idée réfléchie au moyen de laquelle nous parviendrons ensuite à le formuler devant nous.

Rappelons-nous, à ce propos, ce qui se passe dans d'autres phénomènes ressortissant à cette même vie instinctive, qui recèle au dedans de nous la première manifestation de l'obligation morale. N'arrive-t-il pas constamment que la présence de tel ou tel des instincts qui résident ainsi au centre de notre vie personnelle, se fait sentir à nous d'une façon très positive, avant que nous soyons arrivés à en traduire le sentiment au moyen d'une idée clairement formulée? — Je pourrais vous rappeler ici ces impressions instinctives du vrai, du beau, du juste, qui jouent un rôle si décisif dans tant d'esprits absolument incapables de les réfléchir. Je m'arrête de préférence à un autre phénomène qui, parce que la volonté y a une plus grande part, semble allié de plus près à la perception morale. Je veux parler de *la mémoire*.

Ne nous arrive-t-il pas fréquemment de faire l'expérience d'un fait de mémoire qui, bien que non encore formulé devant nous, n'en est pas moins très positivement présent au dedans de nous, puisque sa présence suffit à nous préoccuper *malgré nous*, et cela parfois longtemps avant que nous parvenions à nous en rendre compte ?

N'en est-il pas souvent de même du sentiment du devoir ? Ce sentiment ne peut-il pas nous arriver tout d'abord d'une façon instinctive ; précédant ainsi en nous l'idée définie que nous nous en ferons plus tard ?

Assurément. Tout comme nous entendons souvent quelqu'un nous répéter : « J'avais quelque chose à vous dire ; je le sais ; cela me préoccupe malgré moi ; mais je ne puis parvenir à me le rappeler ; — » de même nous rencontrons à chaque instant des hommes qui avouent eux-mêmes souffrir de l'état de leur conscience, sans avoir su se rendre compte de ce qui est en eux la cause prochaine de ce malaise.

De quoi ont-ils alors conscience ? Uniquement de ce fait, que si leur conscience venait à parler, elle aurait quelque chose à leur reprocher. Mais comment donc le savent-ils, puisqu'elle n'a pas encore parlé ? Evidemment, c'est grâce à l'expérience d'un fait réellement présent en eux, quoiqu'ils ne l'aient pas encore analysé devant leur pensée réfléchie. Aussi bien, ce qui les trouble n'est-ce pas d'avoir transgressé telle ou telle loi spéciale. C'est uniquement le sentiment d'un malaise. C'est ce sentiment auquel on donne le nom *d'une mauvaise conscience*, c'est-à-dire de la conscience d'un état mauvais.

Tout comme, dans l'exemple d'un fait échappé à la mémoire, ce dont je souffrais n'était pas d'avoir oublié. mais bien de ne plus me souvenir ; de même ici ma conscience morale me fait souffrir, non par la vue de telle ou telle transgression, mais par l'expérience très positive d'un état de culpabilité dont je n'ai pas encore reconnu la raison d'être dans mon passé. Ce n'est donc pas ce qui ne serait qu'une pure idée, ce n'est pas quelque chose qui me ferait souffrir uniquement dans mon imagination. La cause de mon malaise est bien un fait réel, un fait actuellement présent au dedans de moi.

Du reste, ce n'est pas seulement de l'autorité du devoir méconnue, — c'est tout aussi bien de cette même autorité respectée, — que l'âme humaine peut ainsi faire l'expérience comme d'un fait réel, bien que non encore clairement discerné.

Quelle mère n'a pas été frappée de l'air de force, de joie, et de santé morale, qui dénotera, chez un petit enfant, la présence de ce qui se traduit dans l'homme fait par le témoignage d'une bonne conscience? Ce ne peut être là, vous en conviendrez, le résultat de l'acte réfléchi par lequel un tel homme s'applaudirait de son passé. Non! c'est un bonheur naïf. C'est un bien-être si peu réfléchi que le plus souvent il s'ignore lui même. Avec cela, il a pour cause un fait positif et réel. On le voit aux résultats que ce fait entraîne pour toute la vie de cet enfant; résultats qui s'y montrent avec d'autant plus d'évidence, que celui chez lequel ils apparaissent est moins capable d'analyser le secret de sa vie. Mais aussi, plus cette âme est candide, plus sa vie est encore spontanée, plus elle dépendra, pour sa joie et pour sa force, de la présence en elle de ce fait. Interrogez cet enfant sur les causes de son bonheur, il ne saura vous répondre. Votre question le fera sourire. Mais observez-le jour après jour, et vous vous convaincrez aussitôt de la vérité de notre remarque.

Ce dernier exemple montre jusqu'à quel point il serait faux de dire, que cette distinction entre le sentiment instinctif de la conscience, et la forme que nous-mêmes donnons à ce sentiment, ne serait qu'une pure abstraction ; en sorte que ces deux choses ne seraient ainsi séparées que pour la pensée. Cette distinction nous est bien plutôt directement dictée par l'observation des faits eux-mêmes. Pour chacun de nous existe, à côté de telle ou telle « voix » que nous aurions nous-mêmes donnée à notre conscience, une expérience de cette même conscience aussi positive qu'elle est involontaire ; l'expérience directe, immédiatement imposée, de l'autorité spéciale dont s'accompagne le sentiment du devoir considéré comme tel.

Aussi voyons-nous cette expérience se produire avec d'autant plus de force, que celui chez lequel elle a lieu est moins capable du travail de pensée que présuppose toute idée générale ou abstraite. C'est bien dans les natures les moins portées à la spéculation, — c'est chez l'homme du peuple, — qu'apparaît le plus souvent la preuve de cette « présence » instinctive, soit dans la paix, soit d'une façon plus frappante encore, dans la maladie, de l'âme tout entière.

Mais nous le connaissons tous, ce phénomène de notre être intérieur ! — La conscience n'a pas encore parlé. Néanmoins, le fait auquel elle va rendre témoignage est déjà tout entier présent au dedans de moi ; puisque je sens clairement que, du moment où j'aurais donné une voix à cette conscience, elle aura beaucoup à me dire ! Il y a en moi quelque chose qui me trouble ; quelque chose qui va jusqu'à suspendre forcément le joyeux et libre exercice de ma volonté ; quelque chose qui touche directement à la source même de l'activité de ma vie. Je ne doute pas, je ne saurais douter, de la réalité de ce fait ; bien que je ne sois pas encore arrivé à le réfléchir devant moi. En attendant que j'y sois parvenu, je n'en possède pas moins en moi l'expérience directe ; j'en ressens au dedans de moi la présence encore silencieuse, mais déjà ou bienfaisante, ou menaçante. C'est là pour moi un fait positif ; un fait qui existe, qui persiste, et qui subsiste, au centre même de mon être. Et ce qui m'empêche d'en nier la réalité, c'est bien l'autorité inflexible que va exercer un témoin à cette heure encore muet, mais qui d'un moment à l'autre peut me forcer à l'écouter.

De plus, remarquez le bien ! Le fait que « cette loi de ma liberté », que cette « loi vivante », n'a pas encore trouvé de voix en moi, — ce fait est loin de toucher au respect qu'elle m'inspire. Le seul sentiment de sa présence encore muette, mais déjà revêtue de l'autorité que je sens lui appartenir, — ce fait suffit à lui seul pour troubler, pour gêner irrévocablement, pour mettre même en question, l'exercice direct de ma liberté. Et malgré cela, je n'en suis pas moins contraint à respecter ce qui me trouble de la sorte.

Or, dans ce moment spécial, — moment parfois douloureusement prolongé, — dans lequel nous cherchons avec anxiété quelle expression nous allons devoir donner à ce sentiment encore instinctif, — à quoi donc obéissons-nous?

Car, enfin, ce n'est pas un simple caprice de notre esprit, — ce n'est pas un intérêt platonique de la science, — qui nous force ainsi à nous arrêter devant un sentiment qui gêne de la sorte le libre exercice de notre volonté! A quoi donc obéissons-nous en nous y rendant attentifs?

A une parole? Mais c'est précisément cette parole que nous cherchons à formuler, tout en redoutant peut-être le moment où elle retentira dans notre âme! — A un fait; comme à ce qui serait l'influence indirecte d'un état maladif des organes de notre corps? Mais un être libre et conscient de sa liberté, obéira-t-il jamais à ce qui se présente à lui uniquement comme un fait situé en dehors de lui, différent de lui, placé devant lui? On l'apprécie, un tel fait, on ne lui obéit pas! Comment un fait semblable arriverait-il d'ailleurs à se faire sentir au centre vivant de l'âme, à la source même de la libre décision de l'être pensant? Chacun sait qu'il n'y a de rapport possible qu'entre les semblables.

Ou bien, serait-ce à une influence *personnelle* que nous céderions alors?

Mais qu'est-ce qu'une personne, qu'un être doué d'une vie propre, qui demeurerait ainsi au dedans de moi? et qui avec cela y serait si bien muet, que ce serait à moi à deviner et à formuler ses mandats?

Quelle que soit la réponse que nous allions être appelés à faire à cette question, ce qui demeure acquis à notre expérience, c'est la réalité positive d'une autorité qui se fait sentir au dedans de nous, indépendamment de ce que nous pourrions plus tard appeler la voix de cette autorité. Arrêtons-nous encore un instant devant ce fait.

Oui! Messieurs, cela est positif et indéniable. Il est en nous, cet étranger dont la présence silencieuse suffit pour nous mettre en face d'une sphère de vie délaissée, d'un fait de vie dont la pureté nous effraie, parce qu'elle constitue pour nous un reproche.

En effet, vous le savez! A peine est-il apparu dans le sanctuaire le plus intime de notre être, que toutes les voix de notre âme ont fait silence, et que je ne sais quelle honte de nous-même nous a aussitôt envahis. Tous nous nous sommes mis alors à jeter un regard anxieux sur notre passé. Bien plus! nous avons alors examiné jusqu'aux motifs les plus secrets de nos actions, afin de les juger nous-mêmes à la lumière que fait lever au dedans de nous la présence de cet hôte auguste et redoutable.

A elle seule, cette présence a suffi pour nous faire ressentir une réalité, un pouvoir, et surtout une sainteté, qui a aussitôt nommé devant nous le seul Être capable de nous imposer malgré nous cette expérience, et qui, nous ne le savons que trop, la maintiendra en nous jusqu'à ce que nous y ayons entièrement satisfait.

Que vient donc ainsi proclamer en nous cette expérience qui est la nôtre à nous tous? — Si elle nous interdit de regarder comme une révélation directe des volontés divines, la voix que nous arriverions à lui donner nous-mêmes, elle nous fait cependant reconnaître, dans l'impression qui est la nôtre, les traits distinctifs de l'action de Celui que nous appelons notre Dieu.

Et cependant, me direz-vous, nous nommons tous cette autorité, l'autorité de *notre* conscience.

Sans aucun doute! Aussi bien cet «étranger,» cet « hôte, » — vous l'avez tous compris, — ce n'était là qu'une figure de langage! Dans le fait, ce n'est pas un être distinct de nous-mêmes faisant alors, pour ainsi dire, irruption au dedans de nous. Ou plutôt, n'hésitons pas à le dire, si nous n'avons pas en nous deux consciences, le fait est que nous avons certainement conscience de deux *moi* en nous, et que cet « étranger muet et redoutable » est bien encore nous-même. Si sa présence suffit à elle seule pour interrompre le libre cours de notre volonté personnelle; si son apparition silencieuse au dedans de nous porte avec elle l'approbation ou le blâme dont va dépendre la paix de notre âme elle-même; si cette autorité n'a pas besoin de langage sinon pour influencer directement notre volonté, du moins pour nous dicter le jugement que nous sommes forcés d'en porter, — c'est que cette apparition n'est autre chose que la présence en nous d'une direction de volonté qui a le droit d'être ac-

ceptée, formulée, et réfléchie, comme la nôtre.

De là le silence soudain de cette autre volonté, de cette volonté réfléchie, jusque-là affairée, bruyante et sûre d'elle-même! De là le fait qu'elle s'arrête, qu'elle hésite, qu'elle finit par se taire en nous, — comme se tait un usurpateur et un intrus devant l'apparition inattendue de l'héritier lui-même. De là, quand nous résistons, cette résistance honteuse d'elle-même. De là tous ces débats dont nous savons d'avance qu'ils doivent être, si ce n'est toujours inutiles, du moins en tout cas coupables. De là, en un mot, à mesure que nous retardons notre soumission, cette *mauvaise conscience de nous-même* qui nous envahit; cette honte d'être ce que nous sommes, du moment où s'est levée dans notre âme la conscience, ou l'impression, de notre véritable moi.

Il y a donc bien réellement « deux hommes en nous, » comme l'avait dit l'Evangile! L'un, notre être normal; celui qu'un apôtre nommait déjà « l'homme intérieur et caché, qui est du ciel, » — lequel nous est devenu étranger. L'autre, — celui dont nous avons directement conscience, — cette existence actuelle de notre moi dont ce même apôtre parle comme de « l'homme extérieur et terrestre ; » existence imparfaite, déchue, indigne de nous; dont nous sentons nous-mêmes que nous ne saurions définitivement nous contenter, incapable qu'elle est de représenter la dignité native de notre être, et de jamais devenir pour nous la vie éternelle en vue de laquelle nous avons été créés.

Et, si vous hésitez à me suivre jusque-là, rappelez un seul instant votre propre expérience ! — Quel est bien le premier résultat de l'apparition en vous de ce fait moral dont nous étudions ici la conscience ? Est-ce de vous rejeter directement vers Dieu ? de vous mettre aussitôt en rapport personnel avec Dieu ; en commençant, pour cela, par vous distraire de la préoccupation de vous-mêmes ? N'est-ce pas, au contraire, à chaque fois, de vous ramener à vous-mêmes ? de vous rendre à vous-mêmes ? ou, comme nous le disons tous si bien [1], de vous faire « rentrer en vous-mêmes ? »

C'est donc, pour chacun de nous, de nous report.. du côté du secret perdu de notre

[1] Et comme le disait aussi notre Seigneur, Luc, XV, 17

vraie nature; de nous replacer au point de départ, au centre originaire, de notre vie personnelle. C'est de nous faire saisir notre personnalité non pas dans ce qui en nous est jugé, mais dans ce qui y juge; non pas dans ce qui en nous se trouble, s'arrête, hésite, et se met à examiner anxieusement; mais dans ce qui nous amène, bien plus! dans ce qui le cas échéant nous force, à entreprendre ce douloureux examen; — non pas, par conséquent, dans ce qui dépend en nous de notre volonté délibérée et de notre choix réfléchi, — mais dans le fait encore instinctif qui domine tout cela, — dans cette autorité silencieuse dont l'apparition en nous va, à elle seule, sanctionner ou flétrir notre vie.

Et lorsque au contraire nous avons négligé, dédaigné, ce fait de conscience; quand, pressentant l'accusation qu'il implique, nous avons détourné le regard, distrait notre âme, repoussé, étouffé l'impression qui tendait à surgir en nous, — qui donc sentons-nous avoir alors offensé? sur qui sentons-nous que nous avons porté une main profane?

Serait-ce bien directement sur la personne de ce Dieu « auquel, » comme le disait un sage des anciens jours, [1] « ni nos vertus, ni nos fautes ne sauraient jamais atteindre ? »

Non! nous le savons! c'est bien nous, c'est tout d'abord et tout premièrement nous-mêmes, qu'a directement atteints ce que nous ressentons toujours plus comme notre coupable folie!

Et nous avons raison! C'est bien nous, en effet; c'est ce qui mérite en nous au plus haut point ce nom-là; c'est l'être normal, primitif, originaire; c'est l'être immortel dont nous recélons tous le germe en nous-mêmes; c'est bien là celui que nous avons alors méconnu et blessé! — Ce n'est pas uniquement ni tout d'abord notre existence passagère, extérieure et terrestre qui, en elle-même, n'est déjà jour après jour qu'une mort différée, qu'un acheminement à la mort. Non! c'est bien ce qui au dedans de nous est appelé à devenir notre moi divin et céleste, c'est ce qui en nous peut recevoir « le droit d'être fait enfant de Dieu. » Voilà ce qui a été atteint et blessé au dedans de nous! Voilà ce que notre péché contre l'au-

[1] Job, XXXV, 6.

torité de notre perception de conscience a mortellement blessé; à moins que Dieu ne vienne encore le faire « naître de nouveau » au dedans de nous!

Examinons un seul instant le sentiment involontaire qui s'est alors emparé de notre âme! — D'où donc est provenu ce malaise, cette angoisse vague et avec cela si réelle, sinon de ce que le mépris de cette autorité du devoir nous avait atteints non pas dans cette vie terrestre dont nous possédons les secrets et savons guérir les maux, mais plus profond que cela, dans ce centre de notre vie qui demeure encore interdit au regard direct de notre pensée?

Notre premier mouvement, lorsque nous sommes revenus à nous-mêmes, n'a-ce pas été, tout en ayant pitié de nous-mêmes, de nous écrier: « qu'en agissant de la sorte, nous ne savions pas ce que nous faisions? »

Sans doute, nous ne le savions pas! Nous ne savions réellement pas jusqu'où portaient en nous cette hésitation honteuse d'elle-même, et ce refus d'écouter! Ce que nous sentions cependant, c'est qu'en passant outre, nous blessions notre âme. En tous cas, le fait que nous ignorions jusqu'où s'étendait en nous cette action contre la loi de notre être, ce fait devait à lui seul suffire pour nous arrêter, et pour nous rendre attentifs.

Maintenant, à mesure que nos yeux s'ouvrent, nous discernons toujours plus clairement que cette loi, que nous avions si légèrement traitée, n'est pas celle de notre seule activité passagère; que c'est bien la loi de la vie première et éternelle de notre être originaire. C'est bien là ce que nous révèle clairement l'espèce de douleur et d'angoisse que nous avons ressentie pour l'avoir transgressée. Nous finissons par comprendre qu'en le faisant, nous avions commis un acte tout autrement grave qu'il n'avait semblé l'être par les conséquences prochaines qu'il entraînait sous nos yeux. Bientôt nous discernons que nous retrouverons plus tard cet acte. Ce qui nous le dit, c'est que, déjà à cette heure, il a pénétré jusque dans la sphère de cette capacité de vie éternelle qui, elle aussi, ne nous est connue que par ses impérissables instincts.

Sans doute, si le mépris de l'autorité de conscience nous fait ainsi douloureusement ressentir la présence au dedans de nous de ce qui, dans notre être, est appelé à « hériter de la vie éternelle, » ce même fait ressortira pour nous avec autant d'évidence du respect spécial que cette autorité nous aurait inspiré.

Voyez plutôt avec quelle décision, avec quelle impétuosité, l'homme d'honneur sacrifie jusqu'à son existence présente, au sentiment de ce qu'il se doit à lui-même! Si nous parlons ici de « l'homme d'honneur, » nous n'entendons pas par là, vous le comprenez, l'homme aux yeux duquel l'honneur serait celui dont il se voit entouré. Un « honneur » semblable n'est, dans le fond, que ce singulier travers d'une vanité enfantine, qui met au-dessus du verdict de la conscience de nous-mêmes, l'opinion des quelques personnes qui nous connaissent. Non! nous parlons ici de l'homme qui s'honore lui-même non pas autant dans ce qu'il a fait ou dit, que dans ce qu'il se sait être; l'homme qui honore en lui sa qualité d'homme.

N'y a-t-il pas chez cet homme-là, lorsqu'il voit cet honneur menacé, quelque chose d'analogue au mouvement involontaire que nous dicte l'instinct de notre conservation ?

Ou bien verrait-on, dans ce mouvement, un service direct de Dieu? — Mais, ne craignons pas de le dire! si la pensée de Dieu et de ses droits se présentait à cet homme dans le moment où il se lève « pour sauver son honneur, » cette pensée lui serait importune. Il est en effet, dans ce moment-là, tout entier au devoir qui lui incombe, de maintenir lui-même sa dignité d'homme. Le saint nom de Dieu, pour lui, n'a pas à intervenir ici, sinon comme celui du premier auteur de cette dignité. Le seul instinct humain suffit pleinement à motiver un acte naturel même à ceux qui ne connaissent pas Dieu, ou qui auraient mis son nom en oubli. Cet acte sera même chez eux plus décidé que chez les croyants.

Ce dernier trait, pour le dire en passant, prouve de nouveau, que « la voix de la conscience » ne saurait être confondue avec la voix de Dieu lui-même. Elle n'en est pas la négation, puisque l'autorité avec laquelle elle parle est une autorité *absolue.* Mais quand Dieu vient au dedans de nous remplacer cette autorité-là par sa présence directement ressentie, sa voix n'est plus celle que nous avions su, nous, prêter à cette autorité. L'homme d'honneur dont nous parlions ne sait, et il ne peut, faire autre chose que soutenir sa dignité, fût-ce au prix de son existence actuelle. Dieu, lui, fait plus et mieux que cela. Il se charge de cette dignité; et, en s'en chargeant, il en rend à cet homme, en face de ce qui l'avait outragée, la pleine et paisible possession. C'est ainsi que Dieu substitue à la voix de la conscience de nous-mêmes, celle de la foi en lui, avec la patience et l'amour qui en découlent; et que l'homme qui croit en Dieu, remet à son Dieu le soin d'un honneur qu'il met trop haut, pour entreprendre de le soutenir, et de le venger, lui-même.

En dehors de cette foi, cependant, tant que l'homme d'honneur est encore seul avec lui-même, il ne saurait se refuser à vouloir sacrifier une existence passagère à ce qu'il sent instinctivement être, au dedans de lui, et le point de départ et le germe de tout ce qui est de nature à y devenir éternel.

C'est ainsi qu'à elle seule notre conscience de nous-mêmes suffit pour nous faire voir, dans l'autorité qui l'accompagne au dedans de nous, non seulement la preuve, mais comme les restes encore vivants, d'une origine supérieure à notre existence actuelle.

Ce que nous disons là est si vrai que, même dans le cas où j'aurais prêté au sentiment du devoir un langage que dépareraient encore mes erreurs ou mes illusions, ce ne sera jamais à ce sentiment lui-même que j'attribuerais ces erreurs. Considéré en lui-même, cet instinct moral continuera même alors à être, à mes yeux, le témoin toujours fidèle du même fait absolu. Méconnu, mal interprété, il n'en subsistera pas moins devant moi comme une réalité toujours sainte et auguste. Aussi, bien que je rougisse alors de l'avoir négligé, sa persistance suffira-t-elle, à elle seule, pour maintenir mon courage et pour ranimer mes plus hautes aspirations.

Dans tout cela, vous l'avez vu, j'ai évité de faire appel aux expériences spéciales de la foi chrétienne, qui, elle aussi, nous tient le même langage. Je me suis contenté du seul témoignage de l'expérience de tout homme attentif et sincère.

Pour tout homme semblable, la conscience

morale signifie deux choses parfaitement distinctes. D'un côté, c'est un jugement qu'il formule lui-même sous sa propre responsabilité. Dans ce sens cet homme parlera, avec un sentiment d'approbation ou de désapprobation, de ce qui aurait été chez lui une conscience plus ou moins scrupuleuse, attentive, ou fidèle.

A côté de cela c'est encore pour ce même homme un fait qui s'accompagne d'une autorité, dont il sent ne pouvoir même discuter les droits. Dans ce second sens, c'est un témoin qui fait partie de lui-même; en sorte qu'il sent clairement ne pouvoir en mépriser l'autorité, sans être par cela seul infidèle à ce qu'il y a au dedans de lui de primitif et de normal.

Mais nous avons tous appris et à le redouter, et aussi à le plaindre, ce *moi* négligé, méconnu, souffrant en nous des mille blessures que nous lui avons nous-mêmes portées; mais qui ne saurait périr avec ce que le péché fait périr en nous, bien que son agonie trouble d'un mal sans remède celui de nous qui persisterait à vouloir vivre d'une autre vie que de la sienne! Nous le connaissons ce moi qui, dans son état actuel, nous apparaît captif, privé de liberté réfléchie et de langage articulé, mais qui n'en subsiste pas moins, au dedans de chacun de nous, dans son impérissable grandeur.

Et nous le connaissons aussi cet autre moi qui, bien que libre dans son activité réfléchie, néanmoins, parce qu'il est fatalement livré à une volonté détournée de sa loi, n'arrive jamais, quoi qu'il fasse, à formuler la réalité vivante qu'il ne ressent que d'une façon incomplète, par voie de tâtonnements et d'élimination, c'est-à-dire par la négation successive des erreurs dans lesquelles il se débat.

En face de ces conclusions, nous avons le droit d'affirmer, que le sentiment instinctif de l'autorité de notre conscience est une expérience bien plus assurée et bien plus directe, qu'aucune de ces expériences imparfaites et partielles que nous devons à notre rapport avec le monde extérieur.

C'est donc à tort qu'on formule de si haut cette opposition entre *l'expérience* et *la conscience;* ou qu'on réserve le mot de *science* pour ce qui résulterait de la seule expérience sensible, tandis qu'on refuserait ce titre à ce qui découle de l'expérience par le sens intime, ou de l'expérience de la liberté elle-même.

Ce sont là du reste, Messieurs, des remarques faites depuis longtemps, bien que sous une forme le plus souvent négative. Vous avez reconnu, dans ce que j'ai essayé de mettre devant vous comme l'élément objectif dans la conscience morale, le fait qui avait dicté à Kant sa thèse du « catégorique impératif » dans la raison pratique. Seulement, le point de vue que ce philosophe avait assigné à sa pensée, ne lui avait pas permis de donner à ce fait son véritable nom, ni de lui assigner la place qui lui revient dans la recherche de la vérité.

Quant à nous, cette expérience à laquelle nous nous voyons ainsi soumis, d'une action anonyme mais positive et caractérisée, — action qui porte sur ce qui représente encore au dedans de nous notre personnalité originaire et capable du divin, — cette expérience est ce qui nous fait toucher au point de départ au dedans de nous de toute connaissance et de Dieu lui-même, et de nous comme créatures de Dieu destinées à lui devenir semblables. Il projette, ce fait spécial de l'autorité du fait moral de conscience, les clartés les plus vives et parfois les plus inattendues, non seulement sur la doctrine mais aussi sur la méthode elle-même. Il éclaire d'un jour nouveau l'ensemble du fait anthropologique, et par là même celui des faits dont témoigne devant nous l'Ecriture. Il est donc aussi bien à la racine de toute vraie psychologie, qu'à celle de toute saine théologie.

Nous réservant de justifier dans une prochaine étude cette dernière assertion, nous n'hésitons pas, en terminant, à opposer, à toute antithèse entre la science et la conscience, cette thèse positive :

« Qu'il ne saurait y avoir d'autre base pour tout ce qui s'appelle science, que la juste appréciation de l'élément objectif impliqué dans le phénomène de la conscience morale. »

SECONDE ÉTUDE

Conséquences qu'entraîne, pour la doctrine de l'homme et pour celle de Dieu, notre définition de la conscience morale.

Une première étude nous a amenés à discerner deux traits distincts, dans ce qui est au dedans de nous l'objet de notre conscience morale.

D'un côté, ce que cette conscience nous fait percevoir nous demeure *objectif*. C'est une action qui se produit en nous indépendamment de notre initiative, et qui même y persiste malgré nous.

D'un autre côté, la conscience que nous en avons est bien en nous un fait *subjectif*; un fait qui demeure même indissolublement lié à la conscience que nous avons de notre moi.

Quant à la nature même de ce fait intérieur dont nous avons ainsi conscience, nous y avons discerné un fait instinctif qui non seulement persiste en nous, mais qui exerce une sollicitation positive sur la décision initiale de notre libre volonté. Ce dernier trait nous a amenés à voir, dans ce fait intérieur, *notre moi originaire et normal, soumis encore devant nous à la loi de Dieu lui-même.*

Pour justifier la première de ces assertions, demandons-nous d'abord quelle place occupe, *à l'égard de la vérité quant à l'homme,* le fait spécial qui est en nous l'objet de la conscience, ou du sentiment intérieur, de l'obligation morale.

I

Conséquences qu'entraîne notre thèse pour la doctrine de l'homme

Le premier caractère qui nous frappe, dans ce fait de l'obligation morale, c'est *sa persis-*

tance. — C'est par là qu'il se distingue tout d'abord, à nos yeux, de tout ce qui, dans notre être intérieur, nous présenterait les marques d'une évolution successive, ou d'un développement dans le temps. En particulier, c'est par là que ce sentiment d'obligation se différencie, non seulement de tout ce qui en nous mériterait le nom d'une volonté réfléchie, mais aussi de toutes ces manifestations temporaires de notre vie instinctive elle-même, qui ne seraient que les échos des appétits passagers de notre corps, ou que les images changeantes de notre fantaisie.

Tandis que notre activité réfléchie nous apparaît progressant sans cesse; tandis que, dans cette sphère-là, tout s'avance incessamment du passé vers l'avenir, en sorte que nous ne saurions y subsister un seul instant semblables à nous mêmes; tandis que l'homme le plus affermi dans la direction de sa volonté délibérée, est forcé de constater en lui-même un changement incessant dans cette volonté, — tout cela n'a pas lieu pour le fait qui nous occupe. L'autorité dont s'accompagne en nous le sentiment de l'obligation morale, ne change jamais de caractère. Elle demeure toujours semblable à elle-même; non pas sans doute dans l'influence qu'elle exercerait sur nous à chaque fois, mais dans la façon absolue dont elle aspire à l'exercer. Considérée dans la décision avec laquelle elle s'affirme, cette autorité n'est jamais atteinte par aucune des modifications qu'entraîne avec elle l'évolution de notre existence historique. Ne fût-ce que sous ce rapport, ce phénomène de notre vie intérieure se distingue essentiellement de tous les autres faits dont nous avons conscience.

Afin de faire ressortir ce trait caractéristique du sentiment qui nous est ainsi imposé de la loi morale, je me bornerai à vous rappeler ce qui se passe à cet égard dans ces états d'occurence journalière dans lesquels, par suite ou d'un désordre maladif ou d'un affaiblissement de nos organes, la vie réfléchie a cessé d'agir librement en nous.

Considérons, par exemple, la place que continue à occuper dans l'âme l'autorité de l'obligation morale pendant l'état d'ivresse, pendant le rève, ou bien encore dans plusieurs des formes initiales de l'aliénation mentale.

Le fait est que, dans tous ces états de l'âme, dans lesquels la libre manifestation de la vie réfléchie est si profondément atteinte, l'autorité de l'obligation morale n'en subsiste pas moins tout entière. La preuve en est que nous y voyons apparaître les réactions qu'explique seule la présence dans l'âme de cette autorité-là. L'indignation que soulève le sentiment de l'injustice, l'enthousiasme qu'allume celui de l'idéal, l'horreur que produit l'image de la laideur morale tous ces effets s'y produisent de la façon la plus marquée, bien que sous une forme purement passionnelle.

Il nous arrive à tous de nous sentir, en rêvant, heureux d'avoir bien agi; en même temps que le sentiment de culpabilité, grâce à l'impossibilité où nous sommes de nous en distraire par la réflexion ou par l'action, revêt alors en nous la forme d'une véritable angoisse. Quant à cet état d'ivresse où, tout en ayant encore conservé la conscience d'elle-même, l'âme a cependant été mise dans l'impossibilité de commander librement à ses manifestations, chacun a pu y saisir, chez autrui, les marques les plus évidentes de la persistance de l'autorité inhérente à l'instinct moral.

Mais c'est dans l'aliénation que cette persistance est le plus frappante, vu que là la volonté, bien qu'ayant cessé d'être la maîtresse de sa direction, n'a rien perdu de son énergie.

Les aliénistes s'accordent à dire, que c'est sur la persistance du fait instinctif de l'obligation morale qu'ils basent leur thérapeutique. Tous ils s'appliquent avant tout à pénétrer jusqu'à ce fait central de la vie de l'âme, pour y trouver la base inébranlable sur laquelle ils entreprendront de replacer la raison détrônée.

Je parle, ne l'oublions pas, de l'instinct moral considéré en lui-même, avec l'autorité immédiate de sa sollicitation; et nullement de la forme spéciale que la réflexion a pu donner à ce sentiment. En un mot, je parle de ce que j'ai appelé *l'autorité* de la conscience, comme distincte de *la voix* de cette même conscience.

Cette remarque est ici spécialement nécessaire. En effet, simple manifestation de notre activité réfléchie, la voix de la conscience participera, dans l'aliéné, au désordre qui a envahi cette activité-là. Vouloir, pour guérir le malade, chercher à modifier directement la voix qu'il a donnée à sa conscience, — le suivre, pour cela, dans la forme qu'il aurait imprimée ou à ses affections terrestres ou à son sentiment religieux, — serait donc non pas arrêter, mais bien plutôt augmenter, ce désordre; ce serait même le plus souvent courir le risque de le rendre définitif, en le forçant de s'affirmer avec plus de clarté et d'énergie.

Tel n'est plus le cas, dès qu'il ne s'agit que du sentiment purement instinctif de l'obligation morale, comme il existe avant la réflexion qui l'aurait pour objet. C'est bien là que le médecin vient chercher, comme dans le centre immuable de la vie personnelle elle-même, un point d'appui pour les efforts par lesquels il tâchera d'ébranler. peu à peu, l'édifice des hallucinations maladives qui auraient envahi la sphère de la vie réfléchie. A ne voir que les manifestations de cette vie-là, tout, dans cette âme, n'est que confusion et que ruines. Néanmoins, aussi longtemps qu'il reste une chance que cet élément central s'affirme de nouveau, rien n'est encore perdu ; et du moment où cela commence à se produire, aussitôt les activités et les pouvoirs de cette âme, reprennent peu à peu leur place respective autour de ce qui est comme le centre de gravité de sa vie.

Tels sont quelques-uns des faits qui me semblent propres à montrer, comme aussi à justifier, la persistance de ce qui est au dedans de nous l'objet de notre conscience morale.

Que résulte-t-il de ce premier caractère à l'égard du fait humain lui-même ?

Il en ressort cette vérité capitale : que nous portons en nous-mêmes, ne fût-ce que sous la forme d'un instinct, une autorité permanente, et qui demeure indépendante de tout ce qui est passager et successif dans notre vie. C'est bien en nous, — et ce n'est qu'en nous, — que réside le moteur immédiat de notre liberté ; la cause prochaine de tout ce qui aura jamais le droit de produire sur nous le sentiment de l'autorité.

Ce qui découle de ce premier fait, c'est donc ce que l'on a appelé les droits absolus et exclusifs de la conscience individuelle.

C'est, par conséquent, la condamnation de tout de qui tendrait à influencer directement notre volonté sans passer d'abord par ce fait central ; de tout ce qui tendrait à rendre notre activité réfléchie indépendante de notre conscience morale. C'est la répudiation de toute autorité extérieure ; c'est-à-dire de toute autorité qui, en nous demeurant extérieure, prétendrait régir autre chose en nous que ce qui est extérieur à notre liberté ; c'est-à-dire ceux des actes de notre corps qui peuvent s'accomplir au dehors de cette liberté. C'est la négation de toute autorité extérieure s'exerçant, ou cherchant à s'exercer, directement sur notre pensée ou sur nos sentiments ; cette autorité fût-elle celle de l'homme sacré, ou du prêtre ; fût-elle celle de la lettre sacrée, ou des textes ; ou bien celle du dogme, ou de la tradition consacrée autour de nous.

Disons plus ! ce fait, tel que nous l'avons défini, nous interdit d'admettre que Dieu lui-même puisse jamais vouloir atteindre à la volonté du croyant, autrement qu'au moyen de cette autorité intérieure à laquelle il a ainsi directement soumis lui-même notre liberté personnelle.

C'est bien le sentiment de ce fait qui est à la racine de l'aversion que nous fait éprouver à tous, la seule pensée d'une action de Dieu soi-disant *magique*. En particulier, c'est ce qui demeure au point de départ des résistances que suscite en nous, soit l'autorité religieuse d'une Eglise, soit même celle de la lettre de l'Ecriture, considérées uniquement comme des autorités extérieures portant directement sur notre liberté.

Le fait est que ce qu'on pourrait appeler « l'autorité prochaine » pour cette liberté, réside exclusivement au dedans de nous ; qu'elle nous est indissolublement attachée. C'est bien là ce « portier » de l'âme dont parlait notre Seigneur ; et personne, ni quoi que ce soit, que cette autorité n'aurait pas introduit en nous et qu'elle n'y aurait pas sanctionné, ne saurait légitimement assumer le moindre droit, ni vouloir exercer la moindre influence, sur notre volonté personnelle. Non-seulement c'est là le tribunal dont nous sommes justiciables, mais notre strict devoir est d'en récuser tout autre.

Cela équivaudra-t-il à dire que notre liberté doive abdiquer devant ce qui ne serait qu'un instinct, qu'un sentiment aveugle et muet ?

En aucune façon ! — Aussi bien cette obéissance volontaire ne se justifierait-elle pas, si ce que notre conscience morale nous fait percevoir en nous, n'avait bien réellement d'autre caractère, à nos yeux, que celui d'une pure impression instinctive. Concéder, ne fût-ce que dans un seul cas, la direction première de notre volonté à un fait semblable, équivaudrait à ne plus vouloir revendiquer, pour cette volonté, ni liberté ni responsabilité propres. Ce serait avoir fait de l'être humain un simple fait de nature.

Mais, nous le savons, cette autorité est plus qu'un phénomène de notre propre vie, persistant au dedans de nous. C'est une *action* qui s'y maintient devant nous. C'est donc le résultat de la présence en nous d'un être personnel et vivant. Non-seulement ce fait de vie intérieure se distingue d'une façon *négative* de tout ce qui est passager dans notre existence ; il déploie encore sous nos yeux une activité essentiellement *positive*, et, de plus, absolument distincte de tout ce qui ressortit à notre propre vie personnelle.

En effet, et tout premièrement, ce fait instinctif, présent ainsi au centre de notre moi, implique une autorité dont l'objet est notre volonté elle-même. Ajoutez à cela que cette autorité ne se fait pas sentir en nous comme un précepte, ou comme une loi formulée devant nous, et dont nous aurions tout d'abord à apprécier la valeur. C'est autre chose et plus que cela. C'est bien, au dedans de nous une autorité effective ; une autorité qui s'affirme elle-même comme telle. C'est une sollicitation vivante, s'exerçant, fût-ce même malgré nous, sur notre libre volonté. C'est donc une action personnelle présente et persistante dans notre âme.

Avec cela, incapable encore de s'épanouïr à cette heure, privé, grâce à l'état auquel notre être est réduit, d'organes spéciaux et même de conscience de soi, ce fait de vie active, s'il n'existe encore de la sorte en nous que dans cette seule action muette, — s'il réside ainsi au dedans de nous à l'état embryonnaire, — n'y subsiste pas moins doué d'une vie aussi réelle que positive ; puisque cette vie y assume le droit de dominer l'activité de notre volonté réfléchie. En attendant que « cet homme intérieur » se soit dégagé des liens d'une existence purement instinctive, il subsiste cependant, soit pour arriver peu à peu à l'éclosion consciente de sa vie, soit pour entraîner, en cessant son action, la mort définitive de l'être dont il implique à lui seul l'avenir éternel.

Quoi qu'il en soit de ces éventualités, cet être, bien que renfermé encore dans la portion inconsciente de notre existence actuelle, — bien que résidant encore en nous au-dessous de la surface changeante et agitée de notre vie consciente, — n'en ressent pas moins incessamment l'impression, et trop souvent le contre-coup, de notre activité délibérée. C'est même à cela que nous reconnaissons en lui une portion de nous-mêmes ; c'est ce qui fait que nous avons conscience de sa vie comme de la vie centrale et première de notre moi.

Est-il besoin, Messieurs! d'énumérer devant vous les conséquences qu'entraîne, pour l'idée que nous devons nous faire de l'être humain lui-même, la constatation de semblables faits?

D'abord, au point de vue de la doctrine, l'idée de la vie essentielle de l'être humain devient tout autre. Dès que nous avons été ainsi mis en face de cet « homme intérieur, » nous ne sommes plus en danger de confondre notre existence historique avec notre vie elle-même. Nous saisissons dès lors cette vie-là, dans un fait antérieur et supérieur à tout ce qui ne serait en nous qu'une activité consciente de ses mobiles, c'est-à-dire à tout ce qui ne serait que l'activité de notre seule existence actuelle dans le temps. A la place de l'homme terrestre et historique, nous avons alors devant nous cet homme supra-historique, cet homme « de race divine, » dont l'Ecriture évoque si souvent l'image.

Quant à notre activité dans le temps, elle est si loin d'être notre véritable vie, notre *vie* elle-même, que le sentiment instinctif de la présence en nous de cet être encore inconscient, suffit parfois à lui seul pour mettre en question la légitimité de cette activité-là. Le centre de notre vie personnelle nous apparaît donc, là dedans, comme un fait indépendant de tout ce qui, dans notre activité réfléchie, ne saurait en être, à mieux prendre, qu'une manifestation partielle et indirecte. Dans ce fait de vie encore instinctive, en effet, réside non pas une loi étrangère proposée à notre libre volonté, mais bien ce qui doit aussitôt demeurer pour nous le centre vivant de notre personnalité normale. C'est donc là, c'est dans ce fait central, qu'il nous faudra apprécier la seule vie qui nous soit réellement essentielle. Déjà à cette heure, c'est là que nous serons ce que nous sommes appelés à devenir; ce que nous sommes déjà, ne fût-ce qu'en germe, au point de vue idéal et absolu. Ce n'est pas dans la forme que revêt notre activité réfléchie, c'est en dehors, au delà, au-dessus de cette activité-là, qu'il faudra avoir su discerner notre nature originelle et normale; notre nature telle que son Auteur l'a voulue, et telle qu'il continue à la vouloir. C'est au-dessous de tout ce qui s'appelle notre existence journalière, c'est plus profondément que cette existence superficielle, que subsistera, pour notre conscience de nous-mêmes, le germe vivant de notre être véritable; de ce qui, dans notre existence actuelle, est appelé à pouvoir « saisir notre vie éternelle. »

Dès lors notre conscience morale, — la conscience que nous avons de ce fait de vie intérieure, — n'est plus en danger de n'être à nos yeux qu'une manifestation adventive, accidentelle, et, dans le fond, étrangère à nous-mêmes. C'est bien plutôt la perception obligée d'un fait de vie existant au dedans de nous avant la conscience de sa présence. Le principe caché de notre vie véritable devient ainsi pour nous l'objet d'un respect attentif. Nous nous étudions, nous nous recherchons, et, après nous être trouvés, nous nous respectons, nous-mêmes, — dans ce fait de vie intérieure où nous nous saisissons toujours plus clairement, sinon tels que nous sommes, du moins tels que *nous persistons à devoir devenir*. La recherche de la vérité sur nous-mêmes prend alors la forme de cet acte essentiellement moral, qui s'appelle « un acte de conscience.» Tandis que jusque-là nous ne nous étions préoccupés, dans cette recherche, que des lumières qui nous venaient du dehors; à cette heure ce que nous trouvons au dedans de nous demeure pour nous supérieur à tout ce qui ne serait qu'une autorité, ou qu'une lumière extérieure; en sorte que, comme l'avait déjà entrevu la sagesse antique, c'est l'expérience de nous-mêmes qui arrive à être pour nous le point de départ de toute vérité.

En saisissant ainsi notre propre existence dans un fait dont l'expérience s'impose à notre liberté, nous arrivons nécessairement à nous détacher de tout ce qui, dans la question ontologique elle-même, mériterait le nom d'un dogmatisme intellectuel. L'expérience immédiatement imposée d'un fait de vie, remplace dès lors ce qui n'était qu'une image que nous nous étions faite à nous-mêmes, ou qui nous avait été transmise. L'*expérience* de ce fait de vie prenant ainsi la place de ce qui n'était qu'une *idée* de la vie, nous apprenons à distinguer entre nos idées, et les faits dont ces idées ne sauraient être que notre appréciation personnelle. Nous commençons à savoir discerner entre les résultats de la seule activité de l'être, et l'être lui-même ; entre ce que notre *pensée* nous dit être une *vérité*, et ce qu'une *expérience* directement imposée nous force à ressentir comme une *réalité*. — Nous comprenons enfin que c'est non pas *la pensée*, mais bien l'*obéissance*, qui demeure le premier pas pour arriver à la vérité, c'est-à-dire à la vue de la réalité elle-même.

Ces derniers mots nous disent que c'est au point de vue de la morale pratique, que cette expérience de notre moi intérieur doit surtout être appréciée.

En effet, du moment où nous possédons ainsi, au centre de notre être, un fait de vie personnelle entièrement indépendant, en lui-même, de tout ce qui plus tard en sera la manifestation dans notre conscience réfléchie, il est évident que cette conscience, ainsi que l'activité qu'elle inaugure au dedans de nous, ne sauraient avoir aucune influence directe sur la nature de ce fait central. Notre conscience réfléchie ne pourra jamais prétendre qu'à apprécier dignement ce fait qui l'a précédée en nous; comme elle ne pourra jamais arriver qu'à en accepter l'autorité ; — à moins sans doute qu'elle ne voie, dans cette autorité, qu'une protestation importune et inexpliquée. Dans l'un et l'autre cas, notre être central demeure en nous un fait à la nature duquel nous ne pouvons rien changer; bien que la position que nous prendrions à son égard puisse en entraver, et même, le cas échéant, en empêcher définitivement, le développement ultérieur.

Ce qui prouve surabondamment ce que nous disons là, c'est que, loin de dépendre *en lui-même* de notre appréciation, ce fait central assume, lui, bien plutôt sur notre jugement, des droits dont, ne fût-ce que pour les mettre en question, nous sommes déjà forcés d'avoir ressenti l'existence; puisque nous ne saurions vouloir protester contre ce qui n'aurait pour nous aucune réalité. — Le fait est que ces droits nous *imposent* l'impression de leur réalité. Ce sont eux qui s'affirment devant nous. Bien plus! l'autorité qui les résume nous apparaît toujours comme ayant subsisté au dedans de nous, antérieurement à ce qui en aurait été notre appréciation.

Le fait est que nous ne pouvons contester cette autorité sans l'avoir ressentie ; ni l'avoir ressentie autrement qu'en ayant cédé à cette sollicitation exercée sur notre volonté qui seule nous la révèle.

Sans doute, puisque cet homme intérieur ne possède encore au dedans de nous qu'une forme d'existence inconsciente, — puisque l'expérience de son activité demeure pour nous la seule preuve de sa présence, — cette action ne saurait nous être imposée de haute lutte. D'ailleurs la nature même de notre volonté réfléchie s'opposerait à ce qu'il en fût ainsi. Avant qu'il soit seulement loisible à cette volonté de se soumettre, il faudra toujours qu'elle ait clairement éprouvé les motifs de sa soumission. La seule acceptation abstraite de la pensée ne suffirait pas ici. La sollicitation exercée par notre homme intérieur portant directement sur sa volonté elle-même, l'acquiescement à cette sollicitation ne saurait s'accomplir que sous la forme de l'obéissance. Pour que cela puisse avoir lieu, cependant, il faudra que nous ayons ressenti la légitimité de cette sollicitation. Ce ne sera qu'après cela que nous serons à même de lui donner la forme qui, en la rendant propre à diriger notre activité réfléchie, en fera pour nous *une loi.*

Tout va donc dépendre, pour la direction ultérieure de notre vie consciente, non seulement d'une première abdication de notre volonté propre, mais encore de l'appréciation réfléchie dont nous aurions fait suivre cette abdication.

Dès lors, nous voici de nouveau devant la même difficulté qui nous a déjà arrêtés. En effet, cet « homme intérieur » ne trahit sa présence en nous, que par une impression produite sur notre volonté. Devons-nous jamais abdiquer les droits de notre liberté devant une impression semblable?

A cela il faut répondre que, bien qu'incapables d'analyser et de discuter cette impression, nous pouvons néanmoins en apprécier clairement la nature.

Il ne saurait jamais être question pour nous d'une soumission aveugle et sans motifs suffisants. Aussi bien n'est-ce pas le cas ici. De ce que notre « homme intérieur » ne se manifeste actuellement en nous qu'au moyen d'une impression produite sur nous, il n'en résulte aucunement que toute impression de ce genre doive être acceptée par nous comme normale; que nous devions y voir la manifestation de cette portion de notre être que nous avons appelée, d'après une expression apostolique, « l'homme intérieur créé selon Dieu. » Cette confusion des impressions, ou des sollicitations, instinctives se commet tous les jours, et on sait à quoi elle aboutit.

Il y a en nous deux hommes. Il y a par conséquent en nous deux sortes d'instincts, si nous appelons de ce nom ce qui n'est que l'impression d'une sollicitation exercée sur notre volonté. Dire que notre être normal, comme distinct de notre être conscient, serait encore à cette heure présent au dedans de nous sous une forme purement instinctive, n'équivaut nullement à avoir dit, que tous les instincts de notre vie actuelle ressortissent à cette portion normale de notre existence. A côté d'instincts normaux et supérieurs, nous sommes mis, au dedans de nous, en présence d'instincts anormaux et inférieurs. — De plus, ces deux espèces d'instincts ne sauraient être confondus, vu la façon opposée dont nous apprécions leur sollicitation.

L'un de ces faits de vie encore instinctive se présente à nous comme ayant sa raison d'être en lui-même. C'est là pour nous la manifestation d'une direction de vie qui a le droit de s'affirmer, et cela uniquement parce qu'elle est ce qu'elle est.

L'autre portion de notre vie instinctive, au contraire, se fait ressentir à nous. tout d'abord et avant tout, comme la négation de celle dont il vient d'être question. Elle ne se manifeste pas autant à nous comme une *action*, que bien plutôt comme une *réaction*. C'est la réaction contre la sollicitation d'un instinct qui l'a précédée en nous, et qui s'y maintient à l'encontre d'elle.

C'est entre ces deux faits de vie intérieure, que notre volonté réfléchie est appelée à choisir celui dont la sollicitation deviendra la loi de son activité.

Voilà bien pourquoi notre liberté subsiste tout entière en face de cette sollicitation. Le seul fait que cette sollicitation est ainsi double, suffit pour conserver à notre soumission elle-même le caractère d'une libre sélection. Bien plus! dans le cas où nous céderions à la sollicitation normale, cette sélection impliquera une obéissance motivée. Elle ne constituera donc pas une abdication de notre liberté; elle en constituera, au contraire, l'affirmation la plus positive et la plus élevée.

Il est vrai que nous ne sommes pas soumis à la même sollicitation, de la part de ces deux instincts vivants que nous recélons en nous-même. Si, d'une part, nous ne pouvons nous refuser à ressentir l'un de ces instincts comme la négation de la loi première et normale de notre être, — si nous ne pouvons ignorer qu'en y cédant nous devenons « infidèles » à nous-même, — d'autre part, c'est bien toujours de ce côté que notre volonté, laissée à elle-même, se sent toujours entraînée.

A cet égard, nous ne sommes pas mis en face d'une décision que nous aurions alors à inaugurer. Nous nous trouvons devant un passé qui, bien que nous demeurant inconnu, n'en domine pas moins notre choix. Il y a là, pour notre activité délibérée, *comme une habitude déjà prise.*

Ces instincts « négatifs » sont donc réellement plus à portée de notre décision, puisque, en en acceptant la sollicitation, nous avons à renouveler, plutôt qu'à inaugurer, une volition. Non qu'il nous soit plus malaisé d'accomplir ce qui nous paraît bien, que ce que nous sommes forcés d'appeler le mal. L'un de ces deux partis n'entraîne pas, dans le fait, pour l'énergie de notre volonté, des efforts plus grands que l'autre. Ce qui nous demeure plus aisé, ce n'est pas l'accomplissement, c'est le choix, de ce qui pour nous est le mal. Il n'y a donc pas, dans ces instincts négatifs, quelque chose qui répondrait mieux à la nature foncière de notre être. Ce qui les met plus près de notre acceptation, ce n'est pas autant *la nature* de notre volonté, que ce qui, pour cette volonté, est comme un parti déjà pris; que ce qui est comme un pli contracté dans l'activité de cette volonté. — Ces instincts font donc appel à ce qui serait en nous comme une nature secondaire, adventive, intervenue après la constitution originaire, première, et essentielle, de notre être. Abstraction faite de toute tradition, de tout dogme, ou de toute idée préconçue à ce sujet, il semble bien que ce soit là, à mesure que nous y réfléchissons, ce qui ressort toujours plus clairement de notre expérience.

En effet, ces instincts négatifs se font sentir à nous par une sollicitation qui porte, non pas directement, ni tout d'abord, sur un changement foncier de notre volonté elle-même, mais bien sur une application spéciale des énergies dont elle dispose. Leur influence prochaine s'exerce sur ce qui n'est en nous que la manifestation historique de notre volonté. Elle ne touche pas, du moins directement et dès l'emblée, au principe même de cette volonté.

Ne fût-ce que sous ce rapport, ces instincts différeraient déjà, d'une façon essentielle, dé l'instinct dont ils sont au dedans de nous la négation; puisque ce dernier se reconnaît à ceci, qu'il se fait sentir en nous comme la persistance d'un principe d'action, et non pas comme une décision formulée à chaque fois pour telle ou telle action.

Immuable, inexorable dans sa simplicité, il semble, cet instinct normal, lorsque nous le mettons en regard des instincts secondaires qui n'ont d'autre raison d'être que la négation de son autorité, un de ces pics inaccessibles des Alpes, qui commandent de si haut la base qu'ont formée leurs débris, et qui, le front dans les espaces immaculés des régions éternelles, laissent s'agiter à leur pied les nuages toujours changeants, et les orages parfois dévastateurs, de la plaine qu'ils dominent.

Cependant, « cette plaine et ces orages, » c'est encore nous. Cette lutte, c'est une lutte de nous-même contre nous-même. Aussi bien est-ce une lutte sans issue. [1]

En effet, elle n'est pas inaugurée en dedans des limites de notre vie réfléchie. Elle en a précédé l'avènement au dedans de nous. Au moment où nous commençons à réfléchir, nous la trouvons présente dans notre âme. Elle existe, déjà alors, dans cette sphère

[1] Il ne faudrait pas croire que l'Ecriture fût seule à parler de la sorte de ce fait de conscience. Voici, entre plusieurs autres, une citation de *Xénophon* (dans la Cyropédie,) qui fait voir que le paganisme l'avait déjà apprécié d'une façon analogue : « *Il est évident qu'il y a deux âmes. Quand la bonne domine, c'est le bien qui s'accomplit. Quand c'est la mauvaise qui a le dessus, alors le mal a lieu. C'est grâce à toi que la bonne retient entièrement son pouvoir !* »

instinctive qui est au point de départ de notre vie personnelle, — sphère où n'a jamais pénétré la libre initiative de notre volonté délibérée.

Nous ne sommes donc pas à même de faire cesser cette lutte de nos deux natures. Tout ce que nous pouvons faire, c'est apprécier ce qui, dans les éléments de ce conflit, constituerait au dedans de nous l'élément central et persistant de notre vie ; c'est en admettre la réalité et la grandeur ; c'est en reconnaître les droits.

Nous ne saurions aller plus loin Nous demeurons incapables d'assigner pour loi à notre liberté, ce qui s'est fait sentir à nous comme l'instinct premier et originaire de notre être; puisque la sollicitation exercée par cet instinct porte, non pas sur telle ou telle activité facultative, mais sur le principe même de notre activité. Cette sollicitation, en effet, tend à inaugurer en nous une volition qui précisément n'est pas celle dont nous disposons à cette heure, qui en est même l'opposé.

Il est clair que pour nous laissés à nous-même, ce conflit demeure sans issue définitive. Le seul parti que nous puissions prendre afin d'échapper à la protestation persistante de l'instinct normal qui est en nous, c'est, ou bien le nier, ou bien nous y soumettre en en reconnaissant les droits absolus sur notre libre volonté.

Nous pouvons le nier. Nous pouvons même le méconnaître, l'ignorer, finir par l'oublier, — du moins pour un temps. Nous le pouvons. Nous le faisons même chaque jour. C'est ce qui constitue en nous *le péché.*

Nous pouvons au contraire reconnaître cet instinct comme le représentant au dedans de nous de notre être normal, — bien que cela implique de notre part le renoncement au libre exercice de notre volonté réfléchie. Nous pouvons cependant le faire, — du moins pour un temps. C'est même là ce que nous faisons chaque jour. Lorsque nous l'avons fait avec énergie et persévérance, nous donnons à cela le nom de *vertu.*

Dans aucun de ces deux cas, cependant, la pente de notre volonté n'a été changée. Après comme avant, le conflit subsiste au dedans de nous. Aucun de ces deux partis ne constitue une issue définitive à cette opposition de nous-même à nous-même que nous portons tous en nous.

La seule issue qui en serait réellement une, ce serait que notre volonté consciente et délibérée pût, sans cesser d'être elle-même, adopter cet autre principe de volonté à la sollicitation duquel elle se voit soumise. Il faudrait que, non contente de consentir à en accomplir malgré elle les mandats, elle fît en sorte que ce fait de vie, cessant d'être pour elle uniquement une autorité, devînt le principe même de sa libre volonté.

Cela équivaut à dire, qu'il faudrait que notre libre volonté dépouillât ce qui avait été jusque-là la direction de son activité, pour vouer ses énergies à une activité qui non seulement lui est étrangère, mais qui est l'opposé de la sienne.

Il faudrait donc que notre volonté renonçât non pas seulement à des actes, mais au principe même de tous ses actes; ou, ce qui revient au même, qu'elle renonçât à être ce qu'elle est. Autant dire qu'il faudrait qu'elle en vînt délibérément, et même librement, à vouloir cesser d'être. Enoncer une telle chose, c'est s'être rendu coupable d'une contradiction dans les termes. C'est avoir supposé une impossibilité.

Et cependant cela se peut. — Disons mieux ! c'est un fait qui se produit sous nos yeux. Et quand nous l'avons rencontré, nous y reconnaissons quelque chose qui non-seulement est réel, mais qui est essentiellement supérieur à ce que nous avions appelé *la vertu ;* nous y reconnaissons *la sainteté.*

Des deux premiers partis, tout homme, par les seules forces dont il dispose, est à même de prendre l'un ou l'autre à son gré. Mais, nous venons de le voir, aucun de ces deux partis ne fait cesser le conflit intérieur de son être.

Quant au troisième, ce n'est pas un parti à prendre ; c'est un bienfait à désirer, à demander, et à recevoir. Il faut, pour que semblable chose ait lieu en nous, l'intervention d'une volonté autre que la nôtre, et qui, antérieure et essentiellement supérieure à notre volonté, puisse la changer de la sorte sans pour cela la détruire.

Or il n'y a qu'une volonté dont on puisse parler de la sorte ; et, de plus, ce même fait de l'obligation morale que nous venons d'étudier, nous en met l'action directement sous les yeux. Disons mieux, il en fait faire, sous nos yeux, l'expérience à notre être.

Si, dans ce fait encore instinctif de notre vie personnelle, nous discernons l'autorité dont nous devons faire la loi de notre volonté réfléchie, ce n'est pas à cela seulement que se bornent ses révélations. Nous lui devons encore l'expérience directe, par notre être lui-même, de cette autre volonté antérieure et supérieure à la nôtre, à laquelle est ainsi librement soumis devant nous « notre homme intérieur. »

Ces derniers mots nous font quitter les faits anthropologiques, qui nous ont occupés jusqu'ici, pour les faits de l'ordre théologique, lesquels vont dès maintenant engager notre attention.

II

Conséquences qu'entraîne notre thèse pour la doctrine de Dieu

Vous vous rappelez notre seconde affirmation sur l'importance qu'il faut donner, dans notre recherche de la vérité, au fait qui est en nous à la base du sentiment de l'obligation morale. Nous avons présenté la juste appréciation de ce fait comme le véritable point de départ de notre connaissance de Dieu. — C'est cette assertion qu'il s'agit maintenant de justifier.

Il y a deux hommes en nous. L'un, l'homme normal, qui s'y manifeste sous la forme d'un instinct non-seulement persistant, mais dont l'autorité possède sur nous des droits irrécusables. L'autre, l'homme conscient de ses pouvoirs et de sa liberté, mais dont la liberté est limitée par les sollicitations découlant pour lui de la conscience qu'il a du premier.

D'où vient, au premier de ces deux hommes, la position spéciale qu'il occupe ainsi au dedans de nous ? En particulier, d'où lui vient cette autorité dont s'accompagne en nous sa présence; et surtout, d'où provient le caractère absolu de cette autorité ?

Si nous nous bornons à dire que ce trait lui est essentiel, — que cet « homme intérieur » possède en lui-même, et par lui-même, cette autorité, — nous lui enlevons aussitôt son caractère réellement humain. Un fait essentiellement absolu n'est pas un fait humain. Dès lors, nous n'avons plus le droit d'appeler la conscience que nous possédons de sa présence au dedans de nous, la conscience que nous aurions de nous-même, ou notre conscience; puisque ce dont nous avons ainsi conscience, est foncièrement étranger à notre personnalité humaine.

En conclurons-nous que ce ne peut être là, au dedans de nous, que la présence directe du Maître absolu de notre liberté, c'est-à-dire de Dieu lui même ?

Nous le savons, une semblable idée ne s'accorde pas avec les faits. C'est bien contre nous-même que nous sentons avoir péché, quand nous avons encouru le blâme de notre conscience; lorsque notre conscience a témoigné d'un état mauvais en nous; quand elle nous a montré que notre action aurait atteint et blessé ce qui, au dedans de nous, demeure l'objet de sa perception; tout comme c'est à nous-même que nous nous sentons revenu, lorsque nous avons reconquis l'approbation de cette même conscience.

D'où vient donc, à ce qui est ainsi une portion de notre propre être, cette autorité indiscutable, cette autorité supérieure à nos droits personnels, cette autorité *absolue*?

Nous ne saurions nous expliquer ce fait, qui semble d'abord contradictoire, qu'en comprenant que la seule raison pour laquelle la vue de cette portion centrale de notre être exerce sur nous une semblable autorité, *c'est que nous la voyons soumise elle-même à la volonté absolue.*

Ce n'est donc pas notre instinct moral en lui-même et à lui seul, — c'est uniquement la vue de sa soumission, — qui exerce sur notre liberté la sollicitation dont il s'agit.

Avec cela, cette vue ne saurait manquer de produire sur nous une semblable impression; parce que le fait dont nous sommes ainsi les témoins ressortit déjà à notre vie personnelle elle-même. C'est bien là ce qui empêche que nous puissions jamais nous en désintéresser. C'est là ce qui en constitue sur nous et ce qui en assure l'autorité. De plus, cette approbation, ou cette désapprobation, sont l'une et l'autre tellement absolues, qu'il en ressort pour nous, pour peu que nous ne nous y soustrayons pas en nous faisant pour cela violence à nous-même, l'expérience directe de la volonté suprême.

Nous venons de parler d'une direction imprimée, *sous nos yeux*, au centre de notre vie personnelle.

Tel est, en effet, le caractère spécial de ce qui se passe en nous quand, dans l'acte de conscience morale, nous nous voyons placés, pour ainsi dire, nous-même devant nous-même. C'est bien comme si le principe originel et foncier de notre être était alors mis en face de nous. Il nous semble alors que nous soyons replacés en présence d'un moi dont nous aurions été séparés. Par cela seul, nous recevons l'impression de ce qui aurait réellement été, au dedans de nous, comme un déchirement préalable ; l'impression d'un abîme interposé, au dedans de nous, entre nous-même tel que nous aurions dû être, et nous-même tel que nous sommes.

Et cette impression est juste ; puisque ce que nous voyons ainsi en nous soumis à une volonté étrangère, c'est bien encore nous ; puisque c'est même là notre moi essentiel et originel.

Aussi ne nous est-il pas loisible, — ne nous est-il même pas possible, — de nous refuser à subir nous-même l'influence résultant pour nous de celle à laquelle est ainsi soumise, devant nous, la portion normale de notre être.

Avec cela l'improbation dont il a été question plus haut, porte sur la direction de notre volonté consciente et délibérée. Or cette direction, nous ne la pouvons changer. Malgré cela, nous approuvons forcément l'improbation dont elle est l'objet ; nous sommes même entièrement incapables de ne pas l'approuver. Cette sanction involontaire, — sanction négative si l'on veut, mais qui pour cela n'en est pas moins explicite, — cette sanction nous prouve que la portion de nous-même que nous voyons ainsi dans un état de soumission, est soumise à une autorité qui demeure essentiellement supérieure, non seulement aux droits historiques de notre volonté réfléchie, mais encore aux droits essentiels de notre être normal lui-même.

Or nous n'avons qu'un seul nom pour l'agent dont la volonté constitue ainsi une *loi* pour notre nature *normale*. Ce nom, c'est celui de l'auteur de notre être normal, du Maître de notre liberté, du Seigneur. De même, nous n'avons qu'un seul nom pour cette obéissance absolue, pour cette abdication volontaire, dont notre moi normal nous donne l'exemple au dedans de nous-même, c'est *l'adoration*. Or, le seul être qui a le droit et le pouvoir de se faire adorer, c'est Dieu.

Voilà comment notre conscience morale nous fait discerner, et en nous même et sur nous-même, l'impression ou la marque de la réalité présente de Dieu. Ce n'est pas qu'elle nous le nomme, qu'elle nous révèle son nom. C'est bien plutôt en nous donnant, si je puis ainsi dire, l'adoration de notre être en exemple à nous-même. C'est donc en nous montrant, au dedans de nous, une soumission qui, à elle seule, implique l'action personnelle, et la présente vivante, de Dieu lui-même.

Et non seulement notre conscience nous montre cette soumission, mais cette vue nous sollicite forcément à nous y associer d'une façon délibérée. En effet, bien que notre « homme intérieur » n'obéisse pas devant nous d'une obéissance active, il nous est évident qu'il le ferait s'il pouvait agir. De là vient aussi que, ne pouvant nous désintéresser de ce qui demeure pour nous la portion centrale et normale de notre être, nous nous trouvons sollicités à traduire, dans la portion de nous-même qui peut agir, cette soumission instinctive de notre moi normal, en une obéissance délibérée de notre moi libre et conscient.

C'est de la sorte que nous sommes éclairés, puis guidés, par la conscience que nous avons de notre homme intérieur. Dans la soumission qui lui est imposée sous nos yeux, — et que nous ne saurions ignorer qu'en nous reniant nous-même, — nous voyons ce que doit devenir notre obéissance volontaire et délibérée.

Sans doute ce n'est encore là qu'une sollicitation, ou qu'une protestation, muette. Mais ce n'en est pas moins un fait positif. En effet, c'est là la source pour nous de joies, — comme aussi de souffrances, — si réelles, que nous les éprouvons avant même d'en avoir discerné la cause ; et que, de plus, lorsque nous sommes parvenus à apprécier cette cause, il se trouve toujours que c'est une action dont nous avons été, ou dont nous sommes encore nous-même, tout d'abord l'objet, — puis aussi, et cela au même degré, — le moyen.

Tel est, au centre de notre être, le témoin vivant de Dieu. Et si tous nous nommons « une voix de Dieu, » l'expression que nous avons su donner à son témoignage, c'est que cette expression est celle que nous a dictée la vue d'une soumission qu'une volonté divine est seule à même d'avoir imposée. Fût-ce malgré nous, nous avons été, en effet, non seulement les spectateurs, mais les spectateurs intéressés, d'un fait intérieur qu'explique seule une action souveraine, c'est-à-dire **l'action de Dieu lui seul.**

Et si nous disons de cette action que

nous en sommes en même temps et les sujets et les spectateurs, c'est qu'il y a en nous deux volontés : l'une qui refuse de se soumettre, ou du moins qui hésite à le faire, — c'est celle qui perçoit ; et l'autre, qui est déjà pleinement soumise, laquelle est perçue par la première. Nous disons, de plus, que la soumission de cette dernière révèle une action qui ne saurait être rapportée qu'à Dieu seul ; la soumission *du centre inconscient de notre être* suffisant à proclamer Celui dont la puissance est seule et à même et en droit, de produire un fait semblable.

Si vous vous étonnez d'un jugement aussi précis, sur ce qui se passe ainsi dans une sphère de notre vie où ne pénètre pas l'analyse de notre pensée, n'oubliez pas que ce jugement porte sur ce qui est arrivé à nous être pleinement accessible en dehors de cette sphère. Il porte, en effet, ce jugement, sur le fait clairement formulé, d'une approbation, ou d'une désapprobation, que nous ne saurions vouloir ignorer ; puisqu'elles nous sont imposées par notre conscience de nous-même. En effet, elles découlent directement d'une impression déjà produite sur le centre instinctif de notre être ; impression qui à elle seule témoigne, et par sa nature et par sa persistance, du rapport intérieur que nous venons de définir.

Fort bien! — poursuivez-vous, — mais enfin ce rapport de Dieu à nous, vous le statuez de la sorte exclusivement dans ce qui se passe au dedans de nous, dans ce qui fait partie intégrante de notre vie personnelle. C'est dans ce que vous appelez vous même la portion la plus intime, c'est dans « la portion centrale de notre être, » que vous placez ainsi l'avènement de Dieu en nous, sa manifestation vivante, sa présence au dedans de nous. — En avez-vous le droit ? Dieu ne subsiste-t-il pas déjà tout entier hors de nous ? D'ailleurs, un rapport entre deux êtres personnels peut-il jamais être constaté d'après la seule expérience de l'un d'eux ? L'intermédiaire entre la personne divine et notre propre personnalité ne sera-t-il pas nécessairement, — sinon une image, dont il ne pourrait sans doute être ici question, — du moins une action ou une parole de Dieu, qui subsisterait devant nous à côté de nous-même, et indépendamment des faits, et surtout des impressions, de notre propre vie personnelle ?

A cette objection, qui est celle que provoque tout vrai théisme, il n'y a autre chose à répondre, sinon que la personne divine n'est précisément pas, en elle-même, étrangère et extérieure à notre personnalité humaine. C'est le contraire qui est vrai. Nous sommes, nous hommes, « de race divine. » Il n'y a pas lieu de dire, parce qu'un fait ressortit à la sphère de la vie humaine, que ce fait cesserait, pour cela seul, de pouvoir être regardé comme un fait de vie divine. — Dans le cas spécial qui nous occupe, cet « homme intérieur » dont nous avons constaté la présence au dedans de nous, est bien réellement un « fils de Dieu. » S'il nous apparaît blessé mortellement au sein de notre existence actuelle, sa vie divine n'en subsiste pas moins jusqu'à cette heure. Sans même dire qu'elle tend encore incessamment à reprendre sa place originaire au dedans de nous, il peut fort bien être question, déjà à cette heure, d'un rapport entre Dieu et ce centre de notre vie, — rapport qui serait infiniment plus direct et plus intime qu'aucun rapport extérieur, quels qu'en soient la grandeur et l'éclat.

En elle-même, d'ailleurs, cette objection n'aboutirait à rien moins qu'à nier la possibilité, pour l'homme, d'un rapport personnel quelconque avec Dieu. — Que se passerait-il, en effet, lorsque, supposant Dieu essentiellement étranger à la nature humaine, on voudrait néanmoins statuer, entre lui et l'homme, un rapport au moyen d'actes ou de paroles divines dont l'homme aurait une connaissance purement objective ? Une semblable connaissance constituera-t-elle jamais pour l'homme, quelque abondante ou éclatante qu'on la suppose, ce qu'on aurait le droit d'appeler un rapport personnel avec l'Auteur de ces faits ?

Je crois qu'il serait malaisé de le soutenir. Comment, en effet, ces paroles ou ces actes se seraient-ils fait sentir à l'homme comme des paroles ou des actes *divins* ? Evidemment, ce ne pourrait être que parce que, dans ces paroles ou dans ces actes, la volonté de l'homme aurait ressenti une intention divine. Ce serait uniquement grâce à ce fait, que sa volonté personnelle aurait été mise par là en contact immédiat avec la volonté personnelle de Dieu.

Ce qui produit un rapport personnel entre moi et telle personne vivante, ce n'est jamais la seule connaissance que j'aurais, uniquement comme d'un fait, de telle parole ou de telle action de cette personne. En sus et au delà de cette connaissance, au delà même de ce qui aurait pu être chez moi une expérience sensible de cette action, il faudra que se soit établi un rapport actuel entre ma volonté et la volonté de l'auteur de cette action. Un rapport de volonté à distance entre deux personnes, est un contre-sens. J'entends cette distance entre deux volontés personnelles, qui en ferait deux volontés dissemblables.

Un rapport immédiat de notre volonté avec la volonté personnelle de Dieu est la seule chose qui pourra jamais, je ne dis pas seulement révéler à notre pensée que Dieu existe hors de nous, mais faire faire à notre volonté ou à notre affection, l'expérience directe du Dieu vivant lui-même.

Or, c'est bien un rapport semblable qui se

produit dans le fait que nous étudions. — Ce fait, c'est le centre instinctif de notre volonté personnelle soumis, sous nos yeux, à une autorité absolue. Non seulement cette soumission témoigne d'un rapport déjà effectué, entre la volonté de Dieu et ce qui est appelé en moi à devenir le centre de ma volonté, mais, encore à cette heure, la vue de ce fait constitue déjà, à elle seule, un rapport actuel entre ma volonté réfléchie, et cette volonté divine que je vois s'affirmant ainsi dans le centre de mon être.

Remarquez, de plus, que c'est là une expérience à laquelle nous ne saurions nous soustraire qu'à grand'peine, et grâce à des efforts répétés. La seule conscience de ce fait constitue déjà un rapport positif entre notre volonté consciente et une volonté qui, parce qu'elle se montre supérieure à notre liberté, ne peut être à nos yeux que celle du Maître de cette liberté, ou « du Seigneur » lui-même. Si ce n'est pas là, dès le début, un rapport conscient, c'est qu'un semblable rapport ne pourrait s'établir avec notre libre volonté, sans aussitôt la détruire. Avec cela, c'est bien, déjà alors, un rapport positif établi avec nous-mêmes; puisque ce qu'il atteint au dedans de nous est la portion la plus intime de notre être.

Quant au *mode* spécial de ce rapport, c'est bien là ce qui seul explique, et la possibilité pour une pensée inattentive d'en mettre en doute la réalité, et l'impossibilité de jamais l'ignorer pour tout homme attentif et sincère. De là aussi, dès que nous avons su l'apprécier, l'admiration que nous font éprouver, à côté de la puissance inflexible qui caractérise ce rapport, la patience et *la délicatesse* infinies, grâce auxquelles il parvient à influencer, et à conquérir, notre liberté elle-même.

Si donc le premier caractère de l'expérience dont nous sommes redevables à notre conscience morale, — si la *persistance* de cette expérience, — nous a amenés à constater la présence au dedans de nous d'un fait de vie normal; si le second caractère de ce même fait, — si son caractère *personnel*, — nous y fait discerner notre personnalité normale elle-même; ce même fait revêt encore à nos yeux un troisième caractère. C'est celui par lequel cette personnalité se montre non pas indépendante, non pas uniquement dépendante, mais bien, ce qui est tout autre chose, librement soumise.

Elle ne nous apparaît pas indépendante, puisque nous la voyons dans un état de soumission. Avec cela, elle n'est pas uniquement dépendante, puisqu'elle n'est pas devant nous un simple résultat, un pur fait passif. Le fait est qu'elle se présente à nous librement soumise à l'autorité qui la régit.

En effet, nous ne dirons pas, de ce fait de vie intérieure et personnelle, qu'il est *déterminé;* nous le dirons *soumis ;* vu que ce qui le représente en nous, demeure sous nos yeux un fait de volonté, un fait moral. Nous irons même plus loin. Nous affirmerons de ce fait de vie qu'il est *librement* soumis; parce que, du moment où notre volonté réfléchie se refuse à s'associer à sa soumission, il ressent ce refus comme une atteinte portée à ses droits. — Avec cela, sans doute, nous ne saurions nous associer à la direction de volonté dont il témoigne en nous, sans que tout d'abord les motifs de cette résolution nous aient été rendus apparents. Pour cela il faudra que cette soumission, à laquelle il s'agit ainsi d'associer notre volonté réfléchie, se soit justifiée à notre expérience comme la soumission volontaire de notre être normal à une volonté, dont les droits demeurent pour nous supérieurs à ceux de notre propre personnalité.

Voilà bien comment, pour peu que nous soyons attentifs, nous sommes contraints à reconnaître, dans ce dont témoigne notre conscience morale, la présence en nous d'une action directe et soutenue de Dieu lui-même.

Sans doute, grâce au fait que cette expérience n'est pas directement imposée à notre perception réfléchie, nous pouvons nous refuser à nous y rendre attentifs. En agissant ainsi, néanmoins, nous sentirons toujours que nous portons atteinte à la conscience de nous-mêmes; puisque notre conscience morale, ou la conscience de cette action de Dieu sur nous, est indissolublement liée à cette conscience-là. Le fait est que, du moment où nous cessons cette résistance, apparaît aussitôt en nous un sentiment *d'obligation*, et que l'impression du *devoir* et de la *responsabilité* se fait immédiatement sentir. L'instinct personnel, qui constitue comme le centre de notre vie, cesse alors d'être une simple révélation de nous-même. Nous sommes mis en face d'un rapport de nous-même avec nous-même, dans lequel, nous l'avons vu, nous ressentons un rapport de notre être avec le seul Etre que nous puissions concevoir comme le Maître de notre liberté; et à mesure que cette expérience s'accentue, nous nous trouvons par là même mis en relation avec cet Etre. La soumission que nous voyons effectuée au dedans de nous, loin de nous demeurer indifférente, nous impose forcément la loi que nous-même devrons formuler pour notre activité réfléchie. Si ce n'est pas encore la vue directe et positive de Dieu devant nous, ce n'en est pas moins la vue d'une action divine qui nous a, nous, directement pour objets.

Il serait difficile d'exagérer l'importance d'un fait dont l'appréciation décidera évidemment de toute la direction de la pensée religieuse. Nous sommes bien plutôt placés, par là, devant l'expérience sur laquelle reposera tout ce qui s'appellerait, à un titre quelconque et dans quelque sens que ce soit, une foi en Dieu; ne fût-ce même que devant cette forme initiale de foi, qui ne serait encore que la croyance à une Divinité.

L'autorité absolue du sentiment du devoir, — de plus ! le fait que l'expérience de cette autorité n'est pas facultative, qu'elle est forcément imposée à notre libre volonté, — ce fait spécial est bien ce qui met tout d'abord notre âme en face de l'Etre absolu ; de l'Etre qui existe avant nous, et indépendamment de notre propre existence ; de l'Etre dont la volonté demeure seule, par conséquent, la source première et souveraine non seulement de l'énergie, mais bien encore de la liberté, de notre volonté.

C'est là, — et ce n'est que là, — que notre volonté humaine limitée rencontre, pour la première fois, la volonté absolue et souveraine ; et que, par là même, notre volonté se sent essentiellement dépendante. C'est donc bien là l'expérience qui nous appelle et qui nous amène, à *croire en Dieu* ; c'est-à-dire, à croire à sa volonté plus qu'à la nôtre ; à abdiquer entre ses mains, en lui soumettant la décision de notre jugement et le choix de notre liberté. — Et si l'on objecte qu'en agissant ainsi nous cessons d'être nous-

mêmes, nous répondrons qu'en tout cas, ce changement consistera en ceci que, d'injustes que nous étions dans notre volonté, nous devenons par cette « foi » réellement *justes* aux yeux de Celui qui nous juge. En effet, ce n'est pas d'après notre seule activité historique qu'il nous juge; c'est d'après ce qui précède et domine cette activité; c'est d'après ce que lui seul peut apprécier en nous, d'après notre cœur ou notre direction première de volonté. De là vient qu'à nous aussi, « notre foi est imputée à justice. »

Aussi bien est-ce la négligence, ou la négation de cette autorité de conscience, qui est au fond de l'incrédulité sous toutes ses formes; depuis le matérialisme, qui ignore l'existence de la volonté souveraine dont témoigne cette autorité, jusqu'au panthéisme, qui se contente d'en nier la souveraineté. — Et ici nous n'avons pas seulement dans la pensée des faits étrangers à notre expérience actuelle, comme le seraient les errements du paganisme. Pour peu que l'on pénètre au-delà de la forme extérieure que l'homme a donnée à ses erreurs, on reconnaîtra que ce que nous venons de dire s'applique tout aussi bien à notre Christianisme traditionnel. Et même, pour ne parler ici que de ce qui nous concerne spécialement comme disciples de l'Evangile de la liberté, c'est bien à la position que nous aurions prise à l'endroit de notre autorité de conscience, qu'il faudra demander la raison, — d'un côté de ce dogmatisme, qui arrive à mettre le respect d'une vérité sur Dieu, à la place de l'expérience personnelle et directe de Dieu lui-même, — et de l'autre, de ce panthéisme inconscient qui, pour échapper à l'étroitesse glaciale d'un semblable dogmatisme, se contente de proclamer hautement la réalité d'une loi générale de la vie, en oubliant que cette vie ne saurait consister pour nous, que dans l'obéissance de notre cœur à l'Auteur personnel et vivant de cette loi.

Ce n'est cependant pas ici le lieu de développer ces pensées, soit pour ce qui touche à l'idée et à l'histoire de l'humanité, soit pour ce qui concerne les tendances religieuses de notre époque. — Bornons-nous à avoir signalé ce fait : qu'une juste appréciation de l'autorité de la conscience morale, pourra seule nous préserver des erreurs qui nous menacent. Mis par là, tout d'abord, en un rapport immédiat et personnel avec Dieu lui-même, chacun de nous comprendra que c'est bien réellement sa crainte qui seule est le commencement et le principe de la sagesse; que ce n'est pas autant à l'attention et à l'exactitude de la pensée, qu'à l'obéissance et à la fidélité de la volonté, qu'il faut demander le secret de la vérité. Par là nous arriverons à savoir que l'obéissance à Dieu lui-même, est ce qui nous rend libres de toute autorité autre que la sienne. Par là nous apprendrons à assigner leur vraie place à toutes ces « questions religieuses » secondaires, qui si souvent nous détournent de cette simple obéissance; — questions d'Eglise, de parti, de textes, de doctrines, de tradition et d'habitudes; — toutes choses dont il faut savoir se servir le cas échéant avec actions de grâces, mais en ne servant jamais directement que Dieu lui-même, et en le servant constamment lui seul.

L'autorité de conscience demeure ainsi pour nous ce qui décidera de notre vie religieuse dès son principe. En négliger la juste appréciation sera s'exposer à ne plus connaître, en fait de religion, que cette adoration à distance, qui permet de faire la part de Dieu et celle d'un monde étranger ou même opposé à Dieu; — que cette religion dans laquelle, au lieu de partir de l'obéissance absolue d'une adoration immédiate et constante, on demeure à soi-même, en ne donnant à Dieu que ce qu'il nous convient de lui donner.

Nous avons dit que l'expérience directe de la volonté de Dieu, est la première révélation dont nous soyons redevables à l'expérience de l'obligation morale. En effet, cette même expérience est encore pour nous la source d'autres lumières, à l'endroit de ce Dieu qu'elle nous a fait ainsi tout d'abord rencontrer en nous-même. L'autorité absolue du devoir ne nous fait pas seulement constater un rapport inauguré de la sorte par Dieu lui-même avec nous. La nature de ce rapport nous fait encore apprécier le caractère de ce Dieu, c'est-à-dire ses intentions à notre égard.

Le fait est que cette expérience intérieure nous met en face d'une action divine qui, après nous avoir ainsi atteints dans le centre même de notre vie personnelle, continue à dominer devant nous cette même vie; en sorte que nous sommes à même de ressentir, et d'apprécier, le caractère essentiel de cette action de Dieu.

Ce caractère consiste d'abord en ceci: que Dieu se fait sentir à nous, dans cette action, comme étant, lui aussi, un être *personnel*. Cela ressort nécessairement de ce fait, que cette action domine, sous nos yeux, ce qui constitue au dedans de nous le point de départ et le centre de notre vie personnelle.

Et il y a plus encore! Cet Etre, personnel comme nous sommes nous-même personnel, diffère néanmoins essentiellement de nous en ceci : que la direction de sa volonté personnelle se fait voir comme *ne lui étant pas imposée*. — Loin de nous paraître déterminée, cette volonté revêt au contraire devant nous ce caractère spécial, d'être celle qui détermine. Tandis que notre propre personnalité se révèle à nous, — dans le fait le plus intime de sa vie, — comme déjà soumise à une autorité; comme ayant déjà subi, et comme continuant à subir, l'action d'une volonté étrangère ou tout au moins extérieure, — cette autre volonté, par cela seul qu'elle se montre antérieure et supérieure à notre volonté, se présente à nos yeux comme celle qui apporte, et qui impose, ce qui doit devenir une loi pour notre liberté.

Non pas que cette personnalité supérieure s'y révèle comme étant au-dessus de la loi qu'elle impose; comme étant, pour elle-même et en elle-même, étrangère à cette loi. En aucune façon ! C'est bien une volonté personnelle qui se comporte devant nous non pas uniquement comme l'auteur, mais comme la source elle-même, de la loi qu'elle impose. Cette loi ne nous apparaît pas autant *l'œuvre*, que *l'expression*, de cette volonté.

Dès lors nous avons là, devant nous, un être qui diffère de tous les autres êtres libres en ceci, que chez lui la volonté se confond avec tout ce qui, pour ces êtres, s'appellerait une loi. C'est donc une personne vivante chez laquelle la liberté remplit le rôle qui, dans toutes les autres personnalités, est celui de la loi. C'est un être personnel qui possède en lui-même sa loi, parce qu'il se la fait à lui-même. Il ne la possède donc pas, comme nous hommes, dans ce sens, qu'il en recèlerait au dedans de lui l'impression, mais bien dans ce sens qu'il en demeure lui-même la source; puisque c'est lui qui l'impose à qui n'est pas lui. La seule loi de sa volonté, c'est cette volonté elle-même.

Résumons ce qui ressort, — tout spécialement à l'endroit de notre idée de Dieu, — de l'expérience dont notre conscience morale est au dedans de nous l'organe.

Parce que notre liberté est déterminée sous nos yeux, l'auteur de cette détermination se présente nécessairement à nous comme l'Etre qui détermine; comme l'Etre personnel, suprême, et souverain. De plus, cette action grâce à laquelle notre liberté est ainsi limitée devant nous, — cette sollicitation à laquelle il nous est ainsi impossible de nous soustraire, — tout cela fait plus que nous révéler *la réalité* positive et actuelle de l'auteur de l'impression qui nous est de la sorte imposée. Dans *le mode d'agir* de cet Etre, nous sommes appelés à apprécier ses intentions, ou son caractère à notre égard.

En effet, sans sortir de nous-même, vous vous le rappelez, nous avons commencé par faire l'expérience, au dedans de nous, de trois faits personnels caractérisés et persistants. — Ce sont d'abord les deux faits d'existence personnelle qui se partagent devant nous la vie de notre propre être ; l'un conscient de son activité, laquelle est passagère, et qui se développe dans le temps ; — l'autre, dont la vie est encore instinctive et persistante dans son principe. Ce dernier, cependant, non-seulement se fait sentir à nous comme la portion normale de notre existence personnelle, mais il doit ce caractère à ce fait, que nous le voyons soumis à une loi que la seule vue de cette soumission tend à imposer à notre volonté réfléchie. — En effet, le caractère absolu de cette sollicitation nous fait forcément faire l'expérience d'un troisième fait personnel qui, lui, a son centre hors de nous. C'est une action qui ne peut être que celle de la Personne souveraine elle-même. — Et cette dernière expérience persiste au dedans de nous, quelle que soit notre disposition à son égard. Une fois appréciée par nous, cetté action personnelle souveraine demeure vivante devant nous. Il en résulte que nous pouvons apprendre à la connaître sinon directement, du moins dans l'expérience constante de son action sur nous.

La première chose que nous reconnaissons dans cette action, c'est la présence au dedans de nous d'une volonté première et souveraine qui domine notre liberté. C'est l'Etre que nous devons adorer; puisque nous le voyons déjà adoré au dedans de nous par notre être lui-même, dans la portion de nous-même qui précède en nous notre conscience réfléchie.

Quant au caractère de cet Etre, — tandis que nous nous voyons ainsi déterminés et limités dans le centre même de notre vie, lui demeure essentiellement libre. Tandis que nous, avant d'oser vouloir, devons apprécier la loi imposée aux premières décisions de notre volonté, une semblable nécessité ne saurait exister pour l'Auteur même de cette loi. Tandis qu'il y a pour nous possibilité d'hésitation dans l'action, parce qu'il y a nécessité d'examen avant l'action, l'action de cet Etre est parfaitement assurée. La possession de la liberté n'est pas chez lui le prix d'une lutte, la récompense d'une victoire. Si nous sommes, nous, appelés à devenir libres, lui l'est déjà en lui-même ; puisqu'une liberté essentielle est seule à même de revêtir ce caractère absolu et souverain de l'action dont nous sommes ainsi, au dedans de nous, et les spectateurs et les objets.

Le fait est que cet Etre personnel, avec lequel nous sommes ainsi mis en rapport, est si loin d'avoir à consulter une loi préalable, que c'est bien plutôt son action qui seule détermine et définit, devant nous, la loi même de notre liberté. — L'auteur d'une action semblable n'accomplira donc pas telle chose parce qu'il l'aura tout d'abord trouvée bonne. Agissant, à chaque fois, dans la pleine spontanéité d'une volonté souveraine, ce sera lorsqu'il aura agi que, « regardant son œuvre accomplie, il verra que cette œuvre est bonne ! » — Tel est le second fait qui découle, pour notre connaissance de Dieu, de la perception de son action au dedans de nous, dans la conscience de l'obligation morale. Après nous avoir révélé la réalité de Dieu dans la réalité indéniable de son action, cette même perception de conscience nous fait sentir, grâce à l'expérience prolongée de cette action, le caractère essentiel de Celui qui en est l'auteur au dedans de nous.

Et il y a encore un troisième ordre d'idées quant à Dieu, qui découle nécessairement pour nous de cette même expérience.

La loi vivante imprimée au centre de notre être, ne nous fait pas seulement ressentir la *réalité* de Dieu, ainsi que *le mode essentiel* de son activité; nous l'y saisissons encore tel qu'il veut se comporter dans *son action historique* à notre égard.

Après avoir fait naître en nous l'impression d'un Etre personnel qui possède pour lui-même la réalité et la liberté absolues, — après nous avoir fait adorer, dans cet Etre, l'auteur souverain de ce qui doit devenir la loi de notre propre liberté, — ce fait intérieur nous révèle encore ce même Etre, entré en un rapport spécial avec nous dans notre vie historique. Non seulement nous possédons encore en nous un élément de vie capable d'entrer en relation avec l'Etre suprême et souverain, mais cet Etre se manifeste lui-même comme voulant lui entrer en rapport avec nous ; comme descendant jusqu'à nous pour demeurer le conservateur fidèle de notre vie normale, et, qui plus est, le Sauveur de cette existence réfléchie et consciente qui, en nous, était devenue anormale.

Non content d'avoir imposé sa loi à l'instinct central de notre vie, il maintient devant nous cette loi en dépit de tout ce qui, en nous et autour de nous, tendrait à l'effacer. C'est ainsi qu'il se fait sentir à nous comme Celui qui, après avoir voulu nous créer, continue à vouloir au dedans de nous son œuvre. Cette action est même d'autant plus évidente, qu'elle a lieu dans une sphère de notre vie où ne peut pénétrer aucune autre volonté que la sienne.

Aussi bien sa volonté y revêt-elle un caractère spécial. L'objet en étant un être destiné à la liberté, il est évident qu'il ne saurait être ici question d'une initiative souveraine forcément maintenue. Faire directement intervenir la toute-puissance serait, dans ce cas-ci, risquer de détruire le germe d'une volonté libre. Ce qu'il faut, à l'endroit d'une volonté semblable, c'est une influence qui se fasse accepter. C'est donc de la persuasion ; c'est *de la délicatesse*, si je puis de nouveau avoir recours à ce terme. En tout cas, c'est cette constance attentive, patiente, infatigable, que peut seul inspirer *l'amour.*

Vous étonnez-vous, Messieurs ! de voir apparaître ce mot dans ce qui ne veut être que la seule analyse du phénomène de la conscience morale ? Ou bien cet Être suprême et souverain qui impose sa loi à l'instinct central de notre vie, se ferait-il sentir à nous, dans le maintien de cette loi, comme Celui qui ne voudrait qu'écraser de haute lutte le mal qui est en nous ? Ne se montre-t-il pas bien plutôt comme Celui qui s'abaisse jusqu'à vouloir s'en montrer avec nous le vainqueur ?

N'avons-nous pas le droit de parler de la sorte ? Le Dieu que nous ne saurions nommer qu'en adorant, ne se montre-t-il pas réellement comme Celui dont la charité persiste à être, en nous et avec nous, le conservateur du bien qu'il trouve encore en nous ? N'est-il pas vrai que cette persistance miséricordieuse de sa loi au dedans de nous, demeure pour nous le vrai garant de la victoire réservée à ce qu'il y a de normal en nous ?

Mais nous l'avons tous expérimenté, et que de fois ! Le Dieu qui se manifeste en nous comme la source de notre vie morale, ce même Dieu se fait encore ressentir, dans la persistance de cette vie, comme Celui dont la bonté la tient pour ainsi dire en réserve au dedans de nous. Il vient toujours de nouveau la mettre, cette vie normale, à la portée d'une volonté qui hésite à s'y associer ; qui ne la saisit que par moments, et d'une façon tout extérieure ; ou bien qui, infidèle à elle-même, en a positivement méconnu l'impression, en a repoussé les sollicitations, pour se contenter d'une existence anormale, et par conséquent destinée à périr.

Non seulement, — par l'autorité de la sollicitation dont il nous rend les objets de la part de notre homme intérieur déjà soumis par lui, — Dieu se révèle à nous comme notre Maître suprême, mais, en maintenant malgré nous cette sollicitation, il nous amène à comprendre qu'il veut devenir notre Sauveur. Si donc la protestation dont nous sommes les objets, nous condamne encore trop souvent, la persistance de cette protestation aura suffi, lorsque nous serons « revenus à nous-mêmes, » pour empêcher que nous ne désespérions.

Je dis : que nous ne désespérions. Remarquez, en effet, que Dieu nous fait parvenir cette protestation *par l'intermédiaire de nous-mêmes.* Tout en étant condamnés, nous sentons, fût-ce même confusément, que c'est bien *la soumission de notre propre nature* qui est en nous l'instrument de notre condamnation. Nous éprouvons ainsi que Celui qui maintient en nous cette soumission, est non seulement Celui qui nous avait formés pour que nous arrivions à réaliser son image, — c'est-à-dire à vivre de sa vie, — mais que ce même Etre persiste encore aujourd'hui à nous vouloir tels qu'il nous avait voulus dès l'origine. Nous sentons de la sorte que, loin d'abandonner son œuvre en nous, loin de se lasser, de désespérer de nous, il veut au contraire nous ramener à lui, en commençant par nous rendre à nous-mêmes.

Et tout cela, c'est bien à son amour pour nous que nous le rapportons. C'est bien lui qui vient nous révéler en lui cette pensée persistante de salut, puisque c'est de sa part que nous sommes toujours de nouveau sollicités par la soumission du centre instinctif de notre être.

La réalité de Dieu; sa puissance; ses droits souverains; enfin sa bonté, sa patience, c'est-à-dire son amour envers nous; — tels sont les trois faits dont tout homme est à même de faire l'expérience, à l'occasion de la conscience de l'instinct moral qui réside au centre de lui-même. Telles sont les trois vérités qui, pour tout esprit attentif, ressortent, à l'endroit de Dieu, de cette même perception de conscience, dans laquelle nous avions déjà reconnu le point de départ de toute juste appréciation de l'être humain lui-même. C'est ainsi que ce fait intime constitue à lui seul, pour notre expérience immédiate, ce qu'on a le droit de nommer une révélation intérieure et permanente de la vérité, soit quant à l'homme soit quant à Dieu.

Ce dernier mot, cependant, soulève une question qui doit être traitée pour elle-même.

C'est celle de l'importance de cette « révélation intérieure, » soit en regard de la révélation extérieure des œuvres de Dieu dans la nature qui nous entoure, soit tout spécialement lorsque nous la comparons à la révélation historique que nous transmet le témoignage des Ecritures.

L'examen de cette question fera l'objet d'une troisième et dernière étude.

TROISIÈME ÉTUDE

La révélation par la conscience en face de la révélation par la nature, et de celle que contient la Sainte-Écriture.

La première chose qui nous frappe, c'est l'accord que nous remarquons entre ces trois révélations. — Non seulement ce que notre conscience nous apprend soit à l'égard de nous-même soit à l'égard de Dieu, s'accorde avec ce que nous enseignera, à ce même égard, notre expérience de l'univers ; mais le témoignage historique de la révélation écrite viendra encore, à lui seul, confirmer, et surtout justifier, cette première révélation.

Il ne saurait nous être indifférent de pouvoir constater un semblable accord entre des expériences de nature aussi diverse, et qui demeurent aussi indépendantes les unes des autres. Il suffit du reste d'un coup d'œil pour reconnaître, et dans l'Auteur de la nature et dans le Dieu de la Bible, le même Etre dont l'action vivante nous est apparue au dedans de nous-même. C'est bien, dans les deux cas, en face et de la création et de la créature, l'Auteur et le Maître personnel, souverain et souverainement bon ; le Dieu créateur, conservateur, et sauveur. Personne, pour discerner l'œuvre de la nature, ou pour croire à l'Evangile, n'a jamais dû commencer par oublier l'expérience que lui avait value sa conscience de Dieu, ou même par renier le Dieu que cette expérience lui avait révélé.

Bien au contraire! La façon spéciale dont chacun sera arrivé à apprécier cette expérience intime, décidera toujours de l'impression que produirait sur lui soit la vue de l'univers, soit le récit biblique. Ce rapport personnel inauguré avec nous par Dieu lui-même dans l'autorité de notre conscience,

— et auquel répond de notre part, ce qu'on a coutume d'appeler notre « religion naturelle, » — ce rapport sera toujours le point de départ de tout ce qui s'appellerait plus tard en nous une foi positive. Et c'est aussi là ce que proclame l'Evangile lui-même. Il exige sur toutes ses pages des cœurs déjà préparés en vue de la lumière qu'il apporte. Il nous montre notre Seigneur faisant lui-même dépendre la foi à ses paroles, de la position préalable prise par l'auditeur à l'endroit d'une « volonté de Dieu » reconnue comme telle; comme aussi attendant le résultat de son œuvre de salut, de la préparation déjà accomplie dans chaque âme. [1]

Et si tel est le cas à l'égard de la vérité quant à Dieu, il est évident qu'il en doit être de même dans ce qui concerne la vérité sur l'homme, comme créature de Dieu. Là aussi, ce sera la conscience de l'état anormal de notre volonté réfléchie, qui seule nous assignera notre vraie place au sein de l'univers qui nous entoure, tout comme

[1] Jean VII, 17. — Voyez surtout *la parabole du Semeur*, Math. XIII, 3 à 9, et 18 à 23.

cette même conscience nous rendra seule attentifs à l'enseignement de l'Ecriture. De la certitude qu'aura d'abord revêtue à nos yeux cette expérience de conscience, dépendra toujours et la position que nous prendrons à l'endroit des impressions sensibles, et la confiance que nous inspirera l'Ecriture considérée comme elle se donne, c'est-à-dire comme le témoignage des actes historiques de Dieu.

Il est vrai que cette coïncidence de la parole scripturaire avec notre expérience intime, ne semble pas tout d'abord aussi apparente à l'endroit des faits cosmiques et anthropologiques, qu'à l'endroit de la vérité sur Dieu. Mais il n'y a rien là qui ne soit naturel. L'Ecriture se présente comme un témoignage rendu à une action spéciale de Dieu. Ce n'est qu'incidemment qu'elle touchera soit à ce qui concerne l'ensemble de l'univers, soit à ce qui regarde le fait humain considéré en lui-même. Elle ne le fera, en effet, que pour autant que ces faits seraient impliqués dans l'action spéciale du salut divin.

I

La révélation dans l'Écriture

1. LA CRÉATION DE L'HOMME ET SON RAPPORT AVEC DIEU

Pour nous en tenir d'abord ici à ce qui concerne l'homme, rappelons ce que dit l'Ecriture et de la création de l'homme par Dieu, et des rapports que Dieu soutient ensuite avec l'homme qu'il a créé.

D'après l'Ecriture, Dieu ne crée pas l'homme au moyen d'une action directe et unique. Il le crée en s'y prenant pour ainsi dire à deux fois, et en agissant à chaque fois d'une façon indirecte.

En effet, pour créer l'homme, Dieu commence par la simple modification d'un fait déjà créé. Dans une seconde action, celle grâce à laquelle l'homme apparaît « en âme vivante, » — c'est-à-dire par laquelle la personnalité historique de l'homme est définitivement constituée, — Dieu « souffle » lui-même un souffle de vie, « dans les narines » de l'être qu'il avait d'abord « formé de la poudre de la terre. »

Le premier acte de Dieu en vue de la création de l'homme, n'avait cependant pas été de tout point semblable à celui par lequel il avait déjà fait sortir de la terre les plantes et les animaux. Là, Dieu s'était contenté de commander à la terre. Quand il s'agit de l'homme, Dieu se sert encore de la terre, mais c'est pour en façonner lui-même l'homme par un acte direct et délibéré. A lui seul, dans ce cas-ci, un ordre n'eût pas suffi. Avec cela, cette première action de Dieu, toute directe qu'elle est, n'a pas pour résultat l'homme tout entier, ni tel qu'il doit être. Il n'en résulte, pour ce que sera l'être humain, qu'une première forme d'existence essentiellement terrestre et matérielle, et par conséquent temporaire.

A ce premier acte vient alors s'en ajouter un second, pour lequel Dieu n'emprunte rien à l'élément déjà créé ; dans lequel c'est bien plutôt de lui-même qu'il fait sortir ce qui va définitivement constituer l'homme.

La personne humaine, une fois achevée, sera donc le résultat de ce qui aura été comme un acte complexe de son Créateur. Dans ce nouvel être, Dieu aura réuni deux faits jusque-là étrangers l'un à l'autre, l'élément créé et la vie incréée elle-même.

Le premier est emprunté à la terre. L'existence qui provient de cette origine étant nécessairement un fait cosmique, et comme tel temporaire, cette première existence ne saurait être que la forme d'activité historique de l'être qui va apparaître, grâce « à ce souffle » de la vie incréée. Quant à ce « souffle de vie » directement issu de Celui « qui seul possède l'immortalité, » il est évident que c'est à cela seul, dans cet être, que pourra plus tard se rattacher « le don de la vie éternelle. »

Si donc, parce que « l'homme de la terre » est en effet destiné à devenir une manifestation de la vie divine, Dieu a voulu le préparer « de ses propres mains, » ce n'est cependant que par la communication « du souffle divin, » que cet homme, comme le dit le récit sacré, « apparaît en âme vivante ; » qu'il est doué de l'existence qui le caractérise.

La chose étant ainsi, il en résulte que, du moment où il arrivera à la conscience de soi, ce nouvel être se trouvera, au dedans de lui-même, en présence de deux faits essentiellement différents, et en eux-mêmes et en valeur. Le principe spirituel issu de Dieu lui-même, demeurera dans l'homme le lieu et le gage de sa vie impérissable. Dans « le corps vivant formé de la poussière, » l'homme reconnaîtra au contraire une existence inférieure et passagère, destinée à être pour lui l'organe d'une activité temporaire. Or cet être ne demeure pas ce qu'il a été en vertu de sa création. En séparant sa volonté de la volonté divine, il en transporte le centre dans cette existence purement historique ; en sorte que ce qui demeure en lui capable de la vie divine, n'est plus à ses yeux qu'un fait de vie négligé et incompris.

Du reste, dans toutes ses parties, l'Ecriture parle de l'homme d'une façon qui s'accorde avec ces premiers faits. C'est ainsi que l'état actuel de l'homme, cet état dans lequel les instincts de son existence passagère ont rejeté au second rang le principe de sa vie éternelle, nous y est constamment représenté comme différant essentiellement de ce qu'avait été son état primitif. L'imperfection morale de l'homme actuel, la déviation foncière de sa volonté, sa faiblesse incurable en face de l'instinct normal qui subsiste encore au dedans de lui, — tout cela, qui constitue le caractère de son état présent, — nous est présenté dans l'Ecriture comme la conséquence d'une déréliction de sa position originaire et normale ; comme le résultat d'une détermination prise par l'homme en opposition avec la loi essentielle de sa volonté, qui était que cette volonté concordât avec celle de son Créateur.

C'est bien par là que l'homme s'est placé lui-même, une fois pour toutes, sous l'influence de ces instincts terrestres, qui devaient n'être pour lui que les organes toujours dociles d'une activité normale. Le centre de sa liberté, ou de sa décision libre, s'est dès lors déplacé. Sa vie délibérée s'est développée en dehors de l'influence du « souffle » (ou de l'Esprit) divin, qui devait en demeurer le principe.

Non pas que l'homme nous soit décrit comme ayant directement rejeté ce principe de vie divine, lequel nous est bien plutôt montré subsistant encore à cette heure au dedans de lui, bien qu'en dehors de sa volonté. Mais il y a soustrait sa volonté réfléchie et consciente. Au lieu d'affirmer lui-même cette volonté dans le sens du principe de cette vie en lui, il s'est laissé séduire jusqu'à abdiquer sa liberté entre les mains d'une volonté étrangère et ennemie, qui existait avant lui dans le milieu où Dieu l'avait placé. C'est ainsi que, victime d'une séduction à laquelle il eût pu se soustraire, l'homme a laissé se glisser au centre des déterminations de sa volonté, des appétits qui devaient demeurer soumis à la libre et suprême décision de cette volonté. Et il a fait plus encore. Il a, par là même, placé au point de départ de sa direction de volonté, ce qui ne lui avait été assigné que pour être l'organe provisoire de son activité. C'est ainsi que, par un acte de liberté réfléchie, l'homme a soustrait sa volonté à ce qui devait en constituer le principe; qu'il a substitué, dans son existence, au principe normal et assuré de sa vie, une activité anormale et aveugle.

De la sorte, non seulement l'homme a péché, mais il est devenu pécheur. Aussi son développement historique a-t-il pris dès lors une direction opposée à celle qui aurait dû être la sienne. Au lieu d'une vie spirituelle dirigeant librement les énergies de son existence historique et terrestre, il n'y a plus, pour l'homme, que cette existence laissée à elle-même; c'est-à-dire qu'une activité étrangère à la vie éternelle, indigne de s'appeler sa vie, et n'ayant d'autre issue que la mort elle-même. Depuis ce moment, ou bien, se contentant de la seule activité de son âme en dehors de la loi de l'Esprit divin, il demeure ce que St-Paul appelle l'homme « de l'âme, » l'homme « animal » ou *psychique* ; ou bien, se fixant plus bas encore, il met sa volonté au service de l'existence matérielle de son corps ; méritant alors, de la part du même apôtre, le nom de l'homme « de la chair, » ou de l'homme *charnel.*

Voilà bien, dans ses principaux traits, le fait anthropologique tel qu'il découle, soit du récit scripturaire de la création de l'homme, soit de ce que l'Ecriture nous expose sur les rapports subséquents du Créateur avec l'homme qu'il avait créé [1].

[1] C'est dans ce point de vue anthropologique de l'Ecriture, qu'il faut chercher et les droits et les limites des doctrines d'évolution, qui préoccupent si généralement les esprits à cette heure à l'endroit de la genèse de l'homme.

2. LA CONSCIENCE MORALE DANS L'ANCIEN TESTAMENT ET DANS LE NOUVEAU

Quant à ce qui concerne plus spécialement le fait de la conscience morale, il faut distinguer entre les divers témoignages dont se compose l'Ecriture.

Si nous nous en tenons à l'apôtre Paul, — celui qui en parle de la façon la plus explicite, — la conscience morale n'est pas une vue directe que l'âme humaine aurait de Dieu lui-même; c'est la vue qui lui est accordée, au dedans d'elle, d'une loi divine [1]. D'après cet apôtre, il est donc évident que la conscience morale n'apparaîtra dans l'homme que lorsque, par le fait du péché, le rapport entre sa volonté et la volonté divine sera devenu un rapport d'opposition. Jusque-là, c'est-à-dire dans l'état d'innocence, la volonté spontanée se confondait nécessairement chez l'homme, avec ce qui était pour lui la volonté de Dieu. Cette dernière ne se faisait sentir à lui que sous la forme d'une sanction de la libre activité humaine. Elle ne revêtait pas pour lui le caractère ni d'une prohibition, ni

[1] Rom. II, 14 et 15. Comp. VII, 16 et 22.

même d'un commandement lui enjoignant une activité autre que la sienne propre. Ce n'est qu'en conséquence de son péché, que l'homme en est venu à ressentir la volonté divine, non pas comme une norme ou comme un guide, mais comme un joug et comme une loi. « La loi, » dit St-Paul, « est intervenue à cause du péché. »

C'est bien aussi ce qui ressort du grand fait historique à l'occasion duquel l'apôtre exprime cette pensée. Ce fait, c'est qu'Israël, le peuple qui est sous la conduite spéciale et directe de Dieu, est placé tout d'abord sous « l'économie de la Loi. »

C'est dire que, pendant cette période éducatrice, ce peuple est surtout appelé à faire l'expérience de la réalité, et du caractère essentiel, du péché ; tout en demeurant, jusqu'à ce que cette expérience ait eu lieu, incapable de s'élever jusqu'à la victoire sur le principe même de ce péché. Israël est retenu sous « la discipline de la Loi, » jusqu'à ce qu'il soit arrivé à discerner, dans son péché, le résultat d'une opposition foncière à la volonté de Dieu considérée comme telle. Aussi voyons-nous « la prédication de la repentance » marquer, dans l'histoire de ce peuple, la fin de « l'économie de la Loi. »

Tout cela nous explique comment il se fait que nous ne trouvons pas même le mot de *conscience* dans l'Ancien Testament. Le péché n'y est pas analysé dans son principe. Il n'y est ressenti que comme une opposition positive, aux commandements historiques dictés par le Seigneur lui-même à son peuple. Il apparaît donc comme une transgression à un commandement, beaucoup plutôt que comme la manifestation d'un état foncier de ténèbres et de mort.

Sans doute l'Ancien Testament n'ignore pas la présence, au dedans de l'homme, de ce fait central de volonté que nous fait percevoir la conscience morale. Mais ce fait y est apprécié dans ses résultats; il n'y est pas l'objet direct d'un analyse réfléchie. Avec cela, le péché est constaté comme « provenant du cœur, » c'est-à-dire du centre même de la vie personnelle. C'est toujours ce cœur, — « d'où procèdent les sources de la vie, » — qui est le siège de la source prochaine du péché ; comme c'est « le cœur » qui redoute, ou qui doit aimer, les commandements.

C'est le cœur que Dieu demande avant tout. Si le culte de Dieu y est tout premièrement une obéissance historique et volontaire, ce culte n'y est cependant pas contenu tout entier dans cette obéissance-là. Il n'y est jamais représenté comme une obéissance aveugle ; comme le simple accomplissement d'une œuvre commandée. L'Ancien Testament dénonce même hautement la doctrine de l'*opus operatum* [1]. Cependant, bien que le culte de Dieu y soit toujours la manifestation d'une position religieuse assumée par le cœur, c'est une position que le cœur maintient tout d'abord plutôt à l'égard de la loi de Dieu, qu'à l'égard de Dieu lui-même. L'adorateur, dans l'Ancien Testament, va à Dieu à travers sa loi ; dans le Nouveau, le fidèle arrive à saisir et à préférer la loi de Dieu, grâce à l'expérience directe qui lui a été accordée de Dieu lui-même.

Ce qui distingue la religion d'Israël des religions païennes, ce n'est donc pas encore la liberté. C'est cependant ce fait capital que, pour Israël, la loi à laquelle il obéit lui a

[1] Voyez, entre autres : Es. I, 11 à 17 ; XXIX, 13 à 15 ; Osée VII, 14, etc.

été directement donnée par le Dieu vivant et souverain. Si, comparé aux « nations » qui le remplaceront dans le royaume de Dieu sur la terre, Israël est un peuple d'impressions immédiates, un peuple lyrique, un peuple enfant, il possède ce caractère en commun avec l'humanité qui l'entoure. Même sur ce terrain-là, néanmoins, son culte se distingue de celui des peuples contemporains par ce caractère de « spiritualité » qui, à cette heure, distingue la croyance traditionnelle des « chrétiens, » de toutes les autres croyances religieuses. Au milieu des peuples enfants dont il fait partie, Israël est bien le représentant du culte spirituel et intérieur. Seulement, ce culte-là, il se borne à en pratiquer les mandats. Il ne le réfléchit pas. Il n'en analyse pas le principe. Chargé d'être, dans le monde, le témoin de l'œuvre historique du Dieu vivant, sa tâche n'est pas autant d'examiner le rapport entre Dieu et l'âme humaine, qu'elle n'est d'obéir purement et simplement devant tous à la volonté divine, telle qu'elle lui a été positivement dictée par Dieu lui-même.

Cependant, comme tout ce dont la pensée

n'est pas arrivée à justifier la raison d'être, cette position religieuse des fidèles de l'Ancien Testament ne pouvait être que temporaire. Aussi les voyons-nous ne s'y maintenir qu'à grand'peine, et que grâce à l'interposition directe, et constamment renouvelée, de la providence éducatrice de leur Dieu. Laissé à lui-même, Israël retombe toujours de nouveau, soit dans le culte extérieur des idoles, soit, après que la Captivité l'eût définitivement arraché à ce danger-là, dans le culte moins grossier, mais tout aussi extérieur, de la lettre, du dogme, des institutions et des cérémonies.

Aussi est-ce bien là-contre que dut tout d'abord réagir l'enseignement de Jésus-Christ. Dès le début de son ministère nous le voyons s'appliquer, — tout en se rattachant, comme membre du peuple d'Israël, aux faits historiques par lesquels Dieu s'était révélé à ce peuple, — à ramener la nation « au culte en esprit et en vérité. » C'est ainsi que, dans son premier discours aux foules, il s'efforce de subordonner l'autorité de la révélation traditionnelle à celle de la révélation intérieure par la conscience.

Pour cela, cependant, Jésus, fidèle à son caractère de « témoin de la vérité, » se contente d'en appeler à l'autorité de sa propre conscience [1]. Il ne s'arrête pas, lui non plus, à justifier la légitimité de cette autorité. Il ne nomme pas la conscience. Aussi bien « le Fils de l'homme » n'eût-il trouvé, ni dans ses propres conceptions intellectuelles, ni dans celles de ses auditeurs, les éléments de cette idée-là. Le sentiment direct de la volonté de son Père tenait chez lui la place occupée tout entière, chez ses auditeurs, par le souvenir des actions divines, et par la pensée des commandements historiques de Dieu. C'est pour cela que nous l'entendons se borner à désigner clairement le fait intérieur qui le rattache, lui, à son Père, et qui doit aussi rattacher ses auditeurs à la connaissance de Dieu. Il parle fort expressément de cet « œil intérieur » qui, « lorsqu'il est pur, » éclaire notre âme tout entière, et dont l'obscurcissement la laisse plongée dans les ténèbres. En cela, comme toujours, le Seigneur Jésus se borne à témoigner du fait.

[1] Par exemple dans cette expression : *En vérité, en vérité*, qu'il emploie même *en citant l'Ecriture*. Jean, III, 11, et suiv.

Il ne l'explique pas. Il est d'ailleurs évident que, chez lui-même, la réalité dont il témoigne est *immédiatement ressentie ;* qu'il n'y arrive pas au moyen d'un travail de pensée. En particulier, nulle part dans son enseignement nous ne trouvons ne fût-ce qu'un mot qui dénote, même de loin, l'analyse du fait psychologique que nous étudions ici. Il connaît sans doute, nous venons de le voir, la lumière intérieure de l'âme, mais il ne la désigne jamais (ainsi que tous les autres faits du même genre) qu'au moyen de figures. Sa mission était de ramener ses auditeurs à l'*expérience* de la réalité, ou, comme il le disait, « à l'obéissance de la vérité [1], » et non pas de justifier devant eux telle ou telle conception spéciale de cette vérité.

Cependant si, de la parole du Maître, nous passons à celle des disciples qu'il avait formés « pour enseigner les nations, » nous voyons bientôt ces apôtres de Jésus-Christ donner à leur témoignage, une forme différente de celle qui avait caractérisé l'enseignement du Seigneur. Du moment où la pa-

[1] Jean III, 21 ; VII, 17 ; VIII, 32 ; XVII, 17 à 19. Comp. Act. VI, 7 ; Rom. I, 5 ; etc.

role apostolique arrive à devoir s'adresser à des esprits analyseurs et réfléchis, la forme dogmatique ou analytique y remplace la synthèse qui, après avoir tout d'abord été la forme de la parole des prophètes et du Seigneur, avait encore caractérisé le premier témoignage rendu, par les apôtres eux-mêmes, en face du peuple élu. C'est aussi pour cela que nous voyons la doctrine de chaque apôtre revêtir une forme différente, suivant la position intellectuelle et morale de ceux auxquels elle doit s'adresser. En général, c'est dans les besoins spéciaux des auditeurs qu'il faut chercher les raisons de ce fait, que nous possédons plusieurs types soit de la doctrine, soit même déjà du témoignage des apôtres. Une seule parole, dans l'un et l'autre cas, n'eût pas suffi pour exprimer complètement ce dont chacun des témoins n'avait nécessairement eu qu'une expérience partielle, ni pour atteindre le point de vue spécial de chacun de ceux auxquels devait parvenir le témoignage du salut de Dieu.

Pour nous en tenir au sujet particulier qui nous occupe, c'est bien aussi la raison pour laquelle Pierre, qui n'emploie pas même le mot de *conscience* dans ses discours à Jérusalem (où il eût eu cependant l'occasion de le faire), fait usage de ce terme lorsqu'il écrit plus tard « aux dispersés. » C'est aussi pour cela que Jean, par contre, dans ses épîtres, ne se sert déjà plus de cette expression. Si les premiers auditeurs de Pierre ne l'eussent pas comprise, pour ceux auxquels s'adresse Jean c'eût été la désignation d'une expérience dépassée. On peut dire que si Pierre, à Jérusalem, ne connaît pas encore le mot de conscience, Jean, à Ephèse, ne le connaît déjà plus. Pour ce dernier, et pour ceux auxquels il écrit, la pleine possession de la vie a remplacé ce qui n'en aurait été encore que l'impression. La *vérité*, pour eux, c'est *le Véritable ;* Dieu *n'aime* pas. « il *est amour ;* » et si quelqu'un aime Dieu, Jean ne dit pas seulement de cet homme qu'il *connaît* Dieu, il va plus loin, il dit « *qu'il est en Dieu et Dieu en lui.* »

Aussi, comme nous l'avons vu, est-ce surtout chez Paul qu'apparaît le mot de *conscience*, et que ce mot revêt le sens dans lequel nous l'employons à cette heure.

Ce « docteur des gentils » qui, comme tel,

est encore à cette heure tout spécialement notre maître, distingue entre la *conscience*, comme le témoin fidèle des rapports entre notre volonté et la volonté de Dieu en nous, et la connaissance réfléchie que notre *entendement* posséderait de la nature et des conséquences de ces rapports. Il distingue entre notre conscience elle-même comme organe de perception intérieure, et les *jugements* plus ou moins justes que nous formerions sur le résultat de cette perception.

Sans entrer ici dans l'étude du langage psychologique de Paul, résumons ce qu'on aurait le droit d'appeler la doctrine scripturaire de la conscience, afin de voir si cette doctrine s'accorde avec les conclusions auxquelles nous avait amenés notre analyse des faits eux-mêmes.

Rappelons d'abord que dans l'Ancien Testament, la conscience du péché n'est encore que le sentiment d'un désordre positif dans l'activité de la volonté; tandis que, dans le Nouveau, ce sentiment fait place à celui d'un état anormal de la volonté elle-même; si bien que « la mauvaise conscience » n'y est plus le souvenir importun de telles ou telles transgressions, mais bien le sentiment que l'homme a de lui-même comme d'un transgresseur.

Cette « conscience nouvelle » a été produite par la vue de l'obéissance libre, et avec cela parfaite, qui, chez le Fils de l'homme, remplace ce qui n'avait été, chez ses frères, qu'une soumission imparfaite et plus ou moins forcée, à une loi extérieure. Jésus-Christ, qui dit de lui-même qu'il est venu dans le monde pour être le témoin de la vérité, l'a été tout d'abord ne fût-ce que par son apparition dans l'existence actuelle de l'homme. Grâce au fait que, pour naître homme, le Fils de Dieu avait renoncé à sa forme d'existence divine et glorieuse, son apparition dans notre humanité a suffi, à elle seule, pour révéler non seulement la pensée, ou la possibilité, mais encore *la réalité historique*, de l'homme normal. Par cet acte de dévouement il a fait, pour notre pensée humaine, de ce qui n'avait pu être jusque-là qu'un idéal, l'objet positif d'une connaissance historique; de ce qui n'avait pu se faire sentir que sous la forme d'une aspiration inféconde, le premier des souvenirs de l'humanité, son seul souvenir absolument certain, ineffaçable, et éternel. L'apparition du « fils de l'homme » a ainsi réveillé chez l'homme déchu, et la conscience de son origine divine, et celle de la loi essentielle de sa nature. Dès lors aussi, les mots « de bonne, » et « de mauvaise, » conscience, remplacent peu à peu, chez ceux qu'a saisis ce grand fait, les expressions par lesquelles même les plus avancés d'entre eux s'étaient bornés jusque-là, à parler soit de l'accomplissement, soit de la transgression, des commandements divins. [1]

Si l'on tient compte de cette évolution dans l'expérience religieuse, voici ce qui résulte, pour le sujet qui nous occupe, du témoignage de l'Ancien et du Nouveau Testament.

Il en ressort premièrement ceci que, chez l'homme dans « l'état d'innocence, » la conscience morale avait dû se confondre avec la conscience qu'il avait de lui-même ; vu que, dans cet homme-là, la vie morale ne se distinguait pas de l'énergie générale de la volonté. Avant l'épreuve de la tentation,

[1] Eph. II, 14, 15 ; etc.

Adam n'est mis en face d'aucun commandement.

Chez « le saint, » au contraire, la conscience de l'obligation morale a déjà fait son apparition, puisque chez cet homme la volonté propre existe déjà, bien que soumise. Cela est si vrai qu'un tel homme doit son nom de « saint, » — qui signifie « mis à part, » ou « consacré, » — au fait que, à la différence des autres hommes, il prend plaisir à accomplir la volonté de Dieu, qu'il la préfère même à la sienne propre.

Tel est aussi le cas pour la conscience du Seigneur Jésus. Sans doute, bien qu'il ne confonde pas sa propre volonté avec la volonté de Dieu, il ne distingue pas, dans ces volontés, une opposition essentielle. La différence entre elles résulte uniquement de l'horizon restreint qui est le sien à cette heure, en sa qualité de fils de l'homme et dans son « état d'abaissement. » Quant au but final, ou à la direction première, ces deux volontés n'en font bien qu'une seule. C'est exclusivement dans les moyens pour atteindre à ce but, que Jésus se voit appelé à renoncer à sa volonté propre ; en préférant le chemin qui lui est tracé par son Père, à celui qu'il eût choisi lui seul. Du reste, ce même fait d'une volonté humaine coïncidant, quant à son but et dans sa direction générale, avec la volonté divine, se retrouve chez « ceux qui sont de Christ, » chez ceux « qui sont animés de son esprit. » Il est encore de ces hommes-là, grâce à Dieu.

Il ressort encore des faits dont témoigne l'Ecriture, que, dans l'homme devenu pécheur, la conscience de soi implique le sentiment d'un changement foncier survenu dans cet homme lui-même. Ce changement consiste en ceci : que la volonté délibérée a cessé d'être à l'unisson avec ce qui constitue encore pour lui le principe central de sa vie, ou « la loi de sa liberté. » Il a la conscience d'être détaché, dans sa volonté délibérée, d'une direction normale dont il continue néanmoins à recéler au dedans de lui le principe. Aussi cette persistance est-elle pour lui l'occasion d'une *crainte*, laquelle s'adresse nécessairement à l'auteur, ou présumé ou pressenti, de ce fait de vie. De là vient que, pour un tel homme, « la crainte » demeure « le commencement, » — mais aussi uniquement le commencement, c'est-à-dire le point de départ, — « de la sagesse. »

Il résulte enfin du témoignage de l'Ecriture, que ce n'est que quand l'homme a épuisé ce que peut lui enseigner cet « esclavage de la loi, » qu'il arrive à pouvoir faire l'expérience non plus seulement de la volonté de Dieu, mais de Dieu lui-même. En attendant que cela soit le cas, il parvient peu à peu, en reconnaissant le caractère anormal de sa propre volonté réfléchie, à se rendre compte et de la nécessité, et de la nature, de la loi. Il reçoit toujours plus profondément l'impression au dedans de lui d'une volonté *suprême*, c'est-à-dire d'une volonté qui ne saurait être que la soumission à la volonté suprême de Dieu. C'est ainsi que l'homme arrive à voir, dans ce qui n'était d'abord à ses yeux que la transgression d'une loi sans sanction, une offense qui a atteint la personne divine elle-même. L'idéal de la vie morale lui apparaît toujours plus une réalité positive, un but réel imposé à son activité. A mesure qu'il y discerne la volonté d'un être vivant qui peut devenir l'objet de sa volonté personnelle, il en vient inévitablement à ne plus concevoir ce but uniquement d'une façon abstraite, comme un but qu'il se serait posé à lui-même. Il y pressent, bientôt il y distingue, l'expression, et en lui-même et sur son propre être, de la volonté vivante de son Dieu. Dès lors l'obéissance à cette loi intérieure devient toujours plus pour lui le seul mode de l'union, disons mieux, de la réunion, de son cœur, comme du centre de sa volonté personnelle, avec le cœur même de Dieu; c'est-à-dire avec ce qu'il a forcément ressenti au dedans de lui comme une volonté divine, vivante et actuelle. Cessant de se préoccuper exclusivement de l'accomplissement d'une loi, il aspire, il est contraint d'aspirer, à convertir ses affections, — c'est-à-dire à se convertir soi-même, à se donner directement, — à son Dieu.

3. LA « CONVERSION » OU LE RETOUR DE L'HOMME A DIEU. LA NOUVELLE CONSCIENCE DE SOI

Cette nouvelle tâche, cependant, il ne peut même penser à pouvoir la remplir, ainsi qu'il avait pu se flatter d'arriver à accomplir celle que lui imposait la loi. Si, à ce dernier égard, l'homme avait pu espérer qu'il parviendrait à accomplir le commandement, — maintenant qu'il se voit en face, non plus de ce qui ne serait qu'une loi de Dieu, mais bien de la volonté même de l'auteur de cette loi, — une semblable illusion n'est plus possible. Mis en rapport direct avec la Sainteté vivante elle-même, il faut ou qu'il la repousse expressément, ou qu'il renonce à sa volonté propre en donnant son cœur à Dieu.

« Donner son cœur à Dieu, » c'est ce que l'Evangile appelle chez l'homme *la conversion.* Cette conversion, dont Israël n'entrevoyait pas clairement la nature, bien qu'il n'en ignoràt aucunement la nécessité, le Nouveau Testament nous la montre mise à la portée de l'homme par Dieu lui-même, lorsque Dieu accomplit, à l'égard de l'homme, l'acte spécial de sa *régénération.*

Dans la régénération, Dieu, intervenant lui-même, met un terme au conflit insoluble entre ce qui est, dans l'homme, d'un côté la conscience de la volonté divine présente au dedans de lui, et de l'autre la conscience des droits de sa liberté propre.

Avec cela cette régénération, le mot le dit, implique une action réciproque et de Dieu et de l'homme.

D'un côté, le rôle de l'homme y est un rôle non pas *passif*, mais *réceptif*. De l'autre côté, ce qui est vrai de l'homme peut aussi se dire de Dieu. Dieu lui-même, dans cet acte, s'abaisse à l'égard de l'homme jusqu'à la réceptivité. Il s'y montre à l'homme comme voulant faire dépendre sa béatitude de l'action de l'homme lui-même. Il vient au devant de l'homme pécheur. Il le recherche; il l'attend; il se met lui-même à sa place. Il épouse ses sentiments limités; il pénètre dans son petit horizon, en revêtant ses obscurités, ses faiblesses, sa nature elle-même. « Il se tient à la porte du cœur de l'homme, et il frappe. »

C'est là le mystère très saint de l'amour de Dieu pour l'homme déchu; amour qui, lui aussi, n'est ni un pur mouvement passif d'affinité de nature, ni un sentiment personnel et égoïste; mais bien un acte positif de volonté, et qui plus est, un acte de sacrifice et de dévouement, un amour très saint. Aussi n'est-ce pas assez d'avoir dit de Dieu qu'il possède cet amour. Il en est possédé. Il est amour. Il s'abaisse jusqu'à provoquer, jusqu'à demander, jusqu'à attendre, l'amour de ce cœur d'homme qui, sans cela, n'oserait pas même penser à vouloir se donner à lui.

Le côté formel de cette action réciproque, c'est que l'homme répond à l'amour divin en livrant son cœur, et que l'Esprit divin le vivifie. Lorsque cela a réellement eu lieu, le cœur de l'homme a été changé, retourné, *converti*. En même temps est disparu, chez lui, non pas sans doute le souvenir de ses péchés passés, mais la conscience de son péché comme d'un fait actuellement présent dans le centre de sa volonté.

Dès lors, il n'a plus conscience de lui-même uniquement, ni même principalement, comme de celui qui a péché. Il est avant tout, à ses propres yeux, celui que Dieu a aimé, non pas sans doute avec son péché mais en dépit de son péché, et afin de le sauver de l'état de mort où le réduisait son péché.

La conscience que l'homme a de lui-même est ainsi changée. Il a délaissé, aussi bien la préoccupation de ses mérites que celle de ses démérites, pour ne plus se voir, chaque jour davantage, que tel que son Dieu le voit. Il a quitté, dépouillé, *oublié* son amour-propre. Il l'a remplacé par un sentiment à l'égard de lui-même, qui ne s'inspire bientôt plus que de l'amour que Dieu a pour lui. Il se sent, il se voit, il s'aime, uniquement comme Dieu le voit et l'aime. Il s'estime de nouveau ; il se considère lui-même ; parce qu'il honore en sa personne l'objet sacré de l'amour de son Dieu.

On voit comment il se fait que la conscience que l'homme a de lui-même, est dite dès lors « avoir été purifiée par la foi. » Cela signifie que l'objet de cette conscience de soi est dorénavant, dans l'homme lui-même, un cœur devenu pur, grâce à l'amour qu'y a engendré la foi en l'amour de son Dieu. [1] Sous ce rapport, il n'y a plus de différence

[1] L'expression peut-être la plus hardie du fait dont nous parlons, est ce mot de l'apôtre Paul (Rom. VII, 17) : *Ce n'est plus moi qui agis, c'est le péché qui habite en moi.*

entre le régénéré et l'homme en l'état d'innocence, sinon que le premier a gardé le souvenir de ses péchés passés. Ce souvenir, cependant, tout en le maintenant dans l'humilité et dans le détachement de lui-même, est pour lui une occasion permanente d'adoration émue et de gratitude. Dans ce nouvel état, l'homme n'a plus seulement en lui un cœur « sur lequel est écrite l'œuvre que commande la loi; » il a en lui un « cœur nouveau ; » un cœur qui préfère, qui recherche cette même volonté divine laquelle, jusque-là, ne s'était fait sentir à lui que sous la forme d'une loi imposée à son obéissance. Cela est si vrai, qu'à l'égard de cette volonté de Dieu, le régénéré « n'a plus besoin qu'on l'enseigne, et qu'il connaît toutes choses. »

Ne reconnaissons-nous pas ici comme la vivification de cet « homme intérieur, » que nous portions jusqu'alors au dedans de nous-mêmes, semblable à un germe non encore fécondé ? Or, si nous pensons que, même avant qu'il eût ressaisi sa vie, ce germe divin, par sa seule persistance au dedans de nous, avait déjà imposé à notre liberté l'impression d'une loi, nous comprendrons comment l'Evangile affirme, de l'homme chez lequel cette vie a commencé à se développer, non pas que cet homme aurait ainsi conquis une vie étrangère à sa nature, mais bien qu'il est arrivé à *posséder* ce qui était déjà sa vie éternelle [1], la vie que Dieu avait toujours voulu qui fût la sienne.

La régénération nous apparaîtra donc comme le passage, pour l'homme intérieur et normal, de ce qui n'était que la persistance d'un *fait* arrêté dans son développement, — ou devenu infécond, — à ce qui va dorénavant être une *vie,* dans le sens propre de ce mot. Aussi ne nous étonnerons-nous pas si, en dehors de la régénération, l'Ecriture ne connaît pas de vie éternelle de l'homme, dans le sens d'une immortalité essentielle de l'âme humaine. En dehors de la régénération, l'Ecriture n'admet, pour cette âme, qu'une existence provisoire et précaire. Elle ne nous dit que cela ; et, dans la manière dont elle s'exprime à cet égard, il semble, en effet, que rien ne s'oppose à ce que

[1] « *Il possède la vie éternelle.* » Jean III. 36.

l'on voie, dans cette existence, un fait qui, en dépit de ses origines, est destiné à s'éteindre au cas où n'aurait pas eu lieu la vivification dont nous venons de parler.

Une fois régénéré dans le centre de sa vie, l'homme non seulement approuve la loi de Dieu, mais « il y prend plaisir. » Il la veut, cette loi. Disons mieux ! il en veut le principe, puisqu'il veut maintenant comme Dieu veut. De plus, en devenant ainsi « un homme nouveau, » il est redevenu lui-même [1]. Il est en effet, dès ce moment, l'homme tel que Dieu l'avait pensé, et tel qu'il est apparu sur notre terre dans la personne du « Fils de l'homme. » Possédant en lui-même une volonté libre conforme à cette autre volonté absolue qu'il n'avait encore ressentie que comme une loi, il se renouvelle incessamment à l'image de Celui qui l'avait créé pur, afin qu'il réalisât son image. Quant à sa conscience, au lieu de mettre devant lui une loi, elle devient chaque jour plus pour lui une lumière et un guide.

[1] L'auteur expose plus en détail ce fait dans une étude sur cette question : *La conversion est-elle un retour?*, en voie de publication dans la *Revue de théologie et de philosophie.*

Ce rapide exposé suffira, sans que nous ayons à l'appuyer des textes eux-mêmes, pour vous rappeler jusqu'à quel point l'Ecriture, dans ce qui a trait à l'homme et aux rapports de Dieu avec l'homme, témoigne des mêmes faits que nous avait déjà révélés l'expérience directe de notre sens intime[1].

II

La révélation par la nature. — Les deux formes de vie dans la nature.

L'Ecriture n'est cependant pas la seule « révélation extérieure, » avec laquelle nous ayons à comparer le résultat de notre analyse. Nous avons encore devant nous la révélation qui découle de la vue de la *nature*.

Que le Dieu de la nature soit bien Celui dont nous avons senti l'action s'exerçant au

[1] C'est ainsi que 1 Tim. I, 5, 6 et 19; et III, 9, résume ce que l'on vient de lire. — Sur l'autorité suprême de la conscience, voyez 2 Cor. I, 12; comparé à IV, 2; et V, 11. — Dans Héb. IX, 13 et 14, la vie de la chair est mise en opposition avec cette vie éternelle, dont le point de départ est une conscience purifiée par la preuve que Dieu lui a donnée de son amour, dans le sacrifice de son Christ.

dedans de nous, c'est ce qui ressort ne fût-ce que de ce fait, que nous sommes, nous hommes, une portion intégrante de cette nature. Ce qui peut-être est moins évident, c'est que, sous certains rapports, l'œuvre directe de Dieu se fait voir de plus près dans la nature extérieure que dans notre être intérieur; c'est que l'évolution de vie dans laquelle nous reconnaissons cette œuvre, nous la montre plus clairement que ne la décrit le témoignage de l'Ecriture. Le fait est que celle-ci, — tout comme aussi notre conscience morale, — se borne à affirmer les manifestations de cette vie; qu'elle n'en expose devant nous ni la genèse ni les progrès successifs.

Il est en particulier un fait, dans l'histoire de cette vie, sur lequel il semble que l'étude attentive du monde des sens soit peut-être à même de jeter quelque jour. Je veux parler de cette dualité dans notre vie personnelle, — de ces deux formes de vie morale au dedans de nous, — dont témoigne l'Ecriture et dont, comme nous l'avons vu, nous avons nous-mêmes conscience.

Quelle idée pouvons-nous nous former de

ce fait, le plus intime de tous les faits de notre existence actuelle, lequel, résidant encore instinctif, latent, potentiel, au point de départ de ce qui est l'objet en nous de la perception de l'obligation morale, deviendrait ensuite conscient de lui-même, et capable dès lors d'un développement ultérieur ?

De plus, comment pouvons-nous rattacher cette crise si décisive et si caractérisée de notre propre vie, à ce qui serait une œuvre de Dieu en nous ? Quel rôle assignerons-nous à l'action divine, dans ce que nous avons entendu l'Ecriture appeler notre « régénération ? » Quelle image un peu plausible pouvons-nous arriver à nous faire de cette vie morale, dont nous avons conscience comme d'une portion de notre existence personnelle, et dont nous sentons pourtant qu'elle ressortit à une sphère éternelle qui nous est devenue étrangère ? Comment se fait-il que, sans cesser d'être hommes, nous puissions « recevoir le droit d'être appelés enfants de Dieu ? » Qu'est-ce donc que ce fait de vie humaine capable de devenir une vie éternelle, et dont la présence en nous n'empêchera pourtant pas, en dépit de ses origines, que l'existence au centre duquel il subsiste ne devienne toujours plus une persistance dans la mort ?

Evidemment, la question qui domine ce problème, est celle de *la vie* et de ses origines. En particulier, c'est cette question-ci : peut-on concevoir comme un fait de vie personnelle, — bien mieux ! comme le fait d'une vie personnelle destinée soit à s'éteindre en nous, soit à s'y développer comme notre vie éternelle, — ce qui n'est tout d'abord qu'un fait instinctif ? ce qui s'annonce en nous comme un principe de vie caractérisé, il est vrai, mais aveugle et privé de la conscience de lui-même ?

Sans doute, ce ne sera jamais au moyen d'une analyse directe, que nous pourrons aborder l'étude de ce qui n'est ainsi à ses débuts qu'un pur instinct. Ne nous sera-t-il pas cependant permis de l'apprécier par voie d'analogie, c'est-à-dire à l'aide d'autres faits de vie dont l'évolution demeurerait plus accessible à notre observation ?

Ce qui semble nous indiquer cette voie, c'est l'exemple de notre Seigneur lui-même. Nous le voyons, en effet, lorsqu'il s'agit de nous expliquer les faits de la vie spirituelle de l'âme, avoir recours aux faits de cette vie physique dont l'évolution a lieu sous nos yeux. Faisant appel à cette conviction de tout homme qui croit au Dieu créateur : que l'œuvre divine est une comme la pensée de son auteur, — le Seigneur Jésus n'hésite pas à enseigner le côté invisible de l'action de Dieu, au moyen des manifestations visibles de cette même action. C'est ainsi que « les lys des champs » et « les oiseaux du ciel, » lui servent à démontrer la vigilance, la toute présence, et la bonté de Dieu. C'est ainsi que les diverses phases de la vie d'un champ de blé, lui aident à faire voir les dangers qui menacent la vie spirituelle dans les cœurs, comme aussi le but auquel cette vie est destinée à atteindre. En particulier c'est ainsi que, dans sa mémorable rencontre avec les Grecs, il se borne, pour leur annoncer le Dieu vivant, à les renvoyer à cette vie de la nature, qu'ils croyaient cependant avoir si complètement appréciée [1].

C'est spécialement ce mot de Jésus aux Grecs, qui nous montre jusqu'à quel point

[1] L'auteur a publié une étude de ce fait spécial dans le *Chrétien évangélique*, d'octobre 1878.

la nature visible, si nous savons la comprendre, est propre à nous faire discerner l'évolution de notre vie spirituelle. La question qui est mise devant nous, ne concerne en effet nullement le caractère essentiel de ce fait de vie intérieure. Sous ce rapport, la vie de la nature visible ne saurait rien nous apprendre. Ce que nous cherchons à saisir, c'est l'*histoire* de ce fait de vie ; c'est sa genèse, c'est son évolution progressive au dedans de nous. Voici, à cet égard, la question dont il s'agit :

Tout premièrement, notre vie éternelle existe-t-elle, a-t-elle commencé en nous, avant notre régénération ? Ce dernier fait ne serait-il alors chez nous que la prise de possession, — que l'avènement de la conscience réfléchie, — de notre vie éternelle ? Même avant le moment où, comme dit l'Ecriture, « nous recevons le droit d'être appelés enfants de Dieu, » l'étions-nous déjà dans ce sens, que nous étions alors « de race divine ? » Si tel est le cas, quelle est la valeur de ce fait de vie primitif et originaire, qui a ainsi persisté au dedans de nous en dépit de notre péché et de notre exil hors du paradis de Dieu ?

De plus, au cas où la régénération n'aurait pas lieu en nous, qu'advient-il de ce principe inconscient de la vie divine ? Un fait de vie divine n'est-il pas, en lui-même, et dès son début, un fait permanent, et même indestructible ?

Il n'est personne qui ne voie la portée de ces questions pour la doctrine du salut, en tant que cette doctrine est impliquée dans la nature, et dans l'histoire, du fait moral qui subsiste au dedans de nous.

Or, à cet égard, notre conscience et l'Ecriture elle-même se bornent à nous placer devant les faits. Ni l'une ni l'autre ne nous les expliquent. En particulier l'Ecriture, dont le témoignage va plus loin que celui de la conscience, n'emploie ici qu'un langage figuré, dont la compréhension dépendra nécessairement du degré de connaissance qu'on posséderait déjà des faits sensibles eux-mêmes.

C'est en face, ou de ce silence ou de ces paroles problématiques, que la vue de la nature semble, sinon nous dicter, du moins nous faire pressentir, une solution du problème qui est mis devant nous.

Une des branches des sciences naturelles qui a donné lieu de nos jours aux plus brillantes découvertes, c'est l'embryogénie, ou l'observation des premières manifestations de la vie organique dans les plantes et dans l'animal. Il m'est impossible de m'étendre ici sur des faits dont l'exposition la moins complète exigerait de longs détails, et des connaissances préalables que je n'ai pas. Il suffira de rappeler, à ceux de vous qui ont présent à l'esprit le résultat de ces recherches, un fait qu'ont mis en lumière les micrographes modernes, dans leurs études sur les œufs des animaux soi-disant « inférieurs; » œufs qui, à cause de leur transparence, permettent l'observation directe des premières manifestations de la vie dans le germe.

Ce fait, c'est la présence, déjà dans l'œuf non fécondé, d'un phénomène positif de vie animale. Ce phénomène de vie, qui se trahit par une pulsation irrégulière, inégale, intermittente, est destiné à cesser au cas où la fécondation n'aurait pas lieu. Cette « vie » s'éteint alors peu à peu ; et le travail de la décomposition, — qu'on pourrait appeler, au point de vue de l'organisme dont il s'agit, une évolution en sens inverse, ou une vie progressant vers la mort, — ne tarde pas à faire son apparition. Du moment, au contraire, où cet œuf est soumis au contact de l'élément fécondant, ce premier mouvement de vie se régularise. Le germe, qui était déjà « vivant, » mais d'une vie marchant à la décomposition, — ce germe commence aussitôt, avec une énergie progressive et soutenue, à s'assimiler la matière qui l'entoure, et la vie d'une nouvelle individualité a inauguré, dans notre univers, la série de ses manifestations.

Voici donc, sous nos yeux, aux débuts d'une même vie, l'apparition successive de deux faits bien distincts.

L'un, que nous pouvons nous contenter d'appeler un fait d'*existence*, est celui dans lequel ce qui va devenir une vie individuelle se manifeste déjà par un effort irrégulier, intermittent, et bientôt impuissant. C'est le fait initial. Laissée à elle-même, cette forme de vie est destinée à faire bientôt place à ce qui en sera la cessation, et même la négation directe.

Le second de ces faits, c'est cette même vie s'affirmant et devenant le principe d'une nouvelle activité ; inaugurant dès lors un progrès soutenu, en assimilant à ses organes les éléments du milieu qui l'entoure, et qui, sans cela, était, lui aussi, voué à la décomposition.

C'est, de plus, le passage de la première à la seconde de ces deux formes de la même vie, grâce à l'intervention d'un agent, semblable mais supérieur, à celui dans lequel résidait cette vie initiale qui, sans cette intervention, eût été absolument inhabile à persister.

Ces faits de la genèse de la vie animale, ne semblent-ils pas comme une parabole vivante des faits spirituels que nous venons de considérer avec vous ? Il est difficile de ne pas rappeler ici l'unanimité et la persistance avec lesquelles les témoins du salut, dès qu'il est question du rapport entre le Dieu de ce salut et l'homme, — et cela aussi bien dans l'Ancien Testament que dans le Nouveau, — replacent toujours devant nous l'image d'un *connubium*, ou d'une union personnelle mystique, dans laquelle l'âme humaine est appelée à devenir « l'épouse » de son Dieu. Vous vous rappelez le mot de Paul à ce sujet, lorsqu'il parle de ce « mystère » dont il dit posséder une intelligence spéciale, mot devant lequel nous sommes toujours de nouveau saisis d'une émotion involontaire [1].

Ce n'est pas ici le lieu de toucher au côté passionnel de ces images. Elles sont devenues familières, sous ce rapport, au langage de la dévotion. Je ne les rappelle ici qu'au point de vue de la vérité métaphysique qu'elles impliquent.

Il est de fait que, sous prétexte d'accentuer la sainte vérité de la souveraineté de Dieu dans son œuvre, on a trop souvent perdu de vue le fait que cette œuvre souveraine a eu ses premiers débuts dans la création même de l'homme. Elle s'est montrée alors dans une vie, dont le péché est venu sans doute plus tard arrêter le développement, mais que ce péché n'a cependant pas tout d'abord, ni même jusqu'ici, entièrement détruite. On a, de la sorte, négligé la part qui revient à l'homme lui-même dans l'œuvre

[1] Eph. V, 32. Comp. III, 3, 4, 5 ; et le ch. II.

de sa régénération. On a oublié que, pour pouvoir ainsi renaître, ou naître de nouveau, il faut que l'homme possède déjà une vie capable de tout ce qui devra acheminer cette nouvelle naissance. On a perdu de vue ce fait que, si l'homme est sans doute la victime, et même la victime consentante, du péché, il n'en est ni l'auteur, ni encore moins l'inventeur. Séduit par le tentateur, il est sans doute en danger, s'il ne lui est pas arraché, de devenir comme lui l'ennemi de Dieu. Il est cependant si loin d'avoir débuté par là, que c'est la pensée « d'être semblable à Dieu, » qui l'avait porté à lui désobéir. Encore à l'heure qu'il est, c'est bien un germe de vie céleste qui est à la racine, chez lui, de ces aspirations grâce auxquelles il sera encore susceptible de « naître de nouveau, » et cela de nouveau par l'opération de l'Esprit de Dieu. De là ce fait que quand, du sein de son égarement il se lève pour retourner vers son Père, c'est qu'il avait commencé par « revenir à lui-même. »

C'est à ce germe de vie dans l'homme pécheur et égaré, que rend témoignage la conscience de l'obligation morale. On voit l'importance capitale d'une saine appréciation de cette œuvre de la conscience. Au lieu de s'imaginer glorifier Dieu, en sacrifiant la pensée de cette conscience à une préoccupation exclusive de *la grâce,* il faut avoir compris que ce dont la conscience témoigne en nous, fait au contraire déjà partie de cette grâce. Ce n'est que de la sorte qu'on arrivera à comprendre comment, dans l'Ecriture, *la foi*, par exemple, nous est représentée aussi bien comme l'œuvre de Dieu en nous, que comme l'œuvre que Dieu attend de nous.

Je vous rends donc attentifs à ce qui découle de ces remarques, pour la réponse à faire à cette question : Comment concevoir une vie éternelle, — une vie provenant non pas, il est vrai, directement de Dieu lui-même, mais cependant « du souffle de Dieu, » — qui, si elle n'est pas ultérieurement soumise à une action de l'esprit fécondateur et créateur, est destinée à s'éteindre, en entraînant sinon la cessation immédiate, du moins la décomposition graduelle, de l'existence dont cette vie constituait la raison d'être ?

Nous contentant de ces quelques mots

sur un sujet qui, parce qu'il touche à l'apparition et au développement de la liberté dans l'être humain, demanderait à être traité pour lui-même, et avec une attention spéciale, — nous concluons, du coup d'œil jeté avec vous soit sur le témoignage des faits sensibles, soit sur celui de l'Ecriture : que ces deux révélations extérieures s'accordent, aussi bien dans ce qui concerne la doctrine sur l'homme qu'à l'égard de la doctrine sur Dieu, avec les données de la révélation intérieure dont nous sommes redevables à la perception de conscience.

III

Importance et limite de cet accord entre la révélation intérieure de la conscience, et les révélations extérieures de la Nature et de l'Écriture. — Conclusion.

Avant de conclure cette étude, cependant, il est convenable, vu l'autorité spéciale qui revient à la révélation écrite, de nous demander quelle doit être pour nous, à l'égard de cette révélation, l'importance d'une semblable coïncidence.

Et d'abord verrions-nous là dedans ce qui serait une preuve directe, peut-être même la preuve décisive, de la justesse de nos conclusions ? En particulier, sera-ce parce que nous aurions retrouvé soit dans les faits rapportés dans la Bible, soit même encore dans le langage des témoins de ces faits, ce qui s'accorderait avec les conclusions auxquelles nous avait amenés l'étude de la conscience de nous-même, que nous regarderions cette étude comme ayant été bien conduite, et ses résultats comme légitimement acquis ?

Cela revient, dans ce cas-ci, à nous demander si nous attendrons d'avoir lu notre Bible, pour croire à notre propre conscience.

Mais non, Messieurs ! c'est bien plutôt le contraire qu'il faut dire.

S'il est indubitable que l'Ecriture sanctionne, et qu'elle met en une vive lumière, les données que nous devons à notre conscience, il n'en demeure pas moins vrai que telle chose ne saurait avoir lieu, que pour ceux de nous que leur conscience aura déjà amenés à croire au témoignage de l'Ecriture. L'expérience du caractère absolu de l'obligation morale, demeurera toujours le point de départ en nous de toute foi ultérieure. En particulier, le fait d'expérience intime dont témoigne notre conscience morale, sera toujours pour nous le critère suprême de tout fait « religieux, » ce dernier fait « nous fût-il annoncé par un ange de Dieu. [1] »

Nous ne saurions regarder comme une œuvre divine, que l'œuvre de Celui qui s'est tout d'abord révélé comme l'auteur au dedans de nous de l'autorité du devoir. Si donc, comme nous avons déjà eu l'occasion de le remarquer, on a tout lieu de répéter « que l'Ecriture se prouve par elle-même, » on ne peut vouloir dire par là autre chose sinon que l'Ecriture, précisément parce que son témoignage s'accorde avec celui des faits de conscience, n'a besoin d'aucun autre garant auprès de celui qui la lit. Ce qu'on affirme alors, c'est que l'Ecriture se prouve à

[1] Gal. I, 8.

la conscience. En fait de preuve religieuse, il n'est du reste que celle-là ; puisque Dieu lui-même, pour parler directement à l'homme, se présentera toujours à lui comme « le Dieu de sa conscience. »

Si l'Evangile de Jésus-Christ, — si, déjà avant cela, le témoignage du Dieu de la promesse, — demeurent pour notre cœur la seule révélation du Père céleste, ce n'en sera pas moins la voix de la conscience, — le témoignage que la conscience rend au dedans de nous à la majesté souveraine et absolue de l'auteur de notre loi, — qui nous aura tout d'abord révélé la personne vivante de Celui dont l'Evangile nous annoncera ensuite l'amour, la grâce, et le pardon.

Cependant, me dit ici l'un de vous, si nous possédons ainsi, en nous-mêmes, un fait dont l'appréciation suffit pour nous faire connaître, à l'égard et de l'homme et de Dieu, — ainsi qu'à l'endroit de la relation entre Dieu et l'homme, — ce qui pour nous ressort du témoignage de l'Ecriture, qu'est-il encore besoin de celle-ci ? La révélation intérieure, révélation constante, résultant d'une expérience vivante immédiate, d'une expérience qui précède en chacun de nous celle qui nous viendrait de l'extérieur, — cette révélation ne remplacera-t-elle pas, et même avec avantage, ce qui n'est après tout qu'un témoignage de faits passés ?

Cela revient, en face de l'Ecriture, à se demander s'il ne suffit pas, pour peu qu'on soit attentif et sincère, de s'en tenir à ce qu'on nomme « la religion naturelle, » ou « le sentiment religieux ? » Assurément, nous ne saurions donner trop d'attention à cette question.

N'était son importance, peut-être suffirait-il, pour y répondre, de la fatigue que nous ressentons tous à la fin de cette étude.

Non, Messieurs ! quand bien même l'examen auquel nous nous sommes livrés, nous dirait tout ce qu'il faut savoir et sur l'homme et sur Dieu, et surtout sur les intentions de Dieu à l'égard de l'homme, cet examen, même sous la forme la plus simple, serait au-dessus de la portée du grand nombre, et l'humanité, dans son ensemble, serait condamnée à ne jamais atteindre à l'intelligence de ces faits.

Elle a besoin, cette humanité, courbée

qu'elle est sur sa tâche de chaque jour, d'une révélation tout autrement accessible, et de lumières et de consolations beaucoup plus faciles à recueillir. Une vérité qu'on n'entrevoit qu'au prix de recherches de ce genre, des solutions réservées à ceux qui ont le loisir et la faculté d'un travail de spéculation tel que celui que nous venons d'essayer, tout cela ne saurait être l'Evangile du petit et du pauvre, « le pain venu du ciel pour la vie du monde ».

D'ailleurs, hâtons-nous de le dire, aucune spéculation, quelque élevée qu'elle soit, n'est en pouvoir de donner ce dont elle n'arrivera bien plutôt toujours qu'à faire plus vivement sentir le besoin. Ce n'est pas en se contentant de sonder une blessure qu'on la guérit, ni en découvrant un abîme qu'on le comble. De plus, si les faits que nous avons appréciés, nous ont amenés à reconnaître au dedans de nous l'action vivante d'un Dieu personnel, souverain créateur, et miséricordieux conservateur du principe de notre vie, n'a-ce pas été, du moins en grande partie, parce que nous possédions déjà en nous l'expérience de ce Dieu ? Eussions-nous pu, sans préparation, arriver aux conclusions qui ont été les nôtres?

En tout cas, ce qui montre quelle est, pour une connaissance positive de Dieu lui-même, la valeur de cette étude de son action au dedans de nous, c'est que ce même fait intérieur de l'âme, mille fois analysé par les penseurs de tous les âges, ne leur a jamais, à lui seul, révélé le Dieu vivant. Parmi ces hommes, il y en a eu de tout temps qui sont parvenus, à force de loyauté et de courage, à se rendre compte et du caractère absolu de l'autorité intérieure, et même de l'existence de cette volonté souveraine qu'implique une autorité semblable. Aucun d'eux n'est allé plus loin. Chacun d'eux a traduit par une idée, ou par un symbole différent, l'expérience qui avait été la sienne. Aucun n'est jamais arrivé à savoir donner son vrai nom à l'objet de cette expérience ; ou bien, si le nom de Dieu lui était déjà parvenu par ailleurs, à savoir rattacher à ce nom son véritable sens. Comme le dit un apôtre en parlant de l'homme étranger à la révélation historique : « Si cet homme a connu Dieu, il ne l'a pas glorifié comme Dieu. »

D'où provient un fait aussi universel ? — La réponse est facile. Aucune de ces œuvres de Dieu accessibles ainsi à nous tous, — fût-ce même celle qui nous touche de plus près, fût-ce celle qu'il accomplit incessamment lui-même au dedans de nous, — aucun de ces faits ne suffira jamais, par cela seul qu'il se présenterait à nous comme une action divine, pour nous faire entrer en un rapport personnel, direct et intime, *avec Dieu lui-même.*

Or c'est bien d'un rapport semblable qu'il s'agit pour nous tous. C'est d'une expérience que Dieu nous accorderait de lui-même ; puisque c'est d'être arrivé à vouloir comme lui veut ; à aimer du même amour dont il aime lui ; à sentir à son point de vue ; à agir par les motifs qui sont les siens. Dès que c'est bien là le but auquel nous devons atteindre, il nous faudra, non pas ce qui ne serait que la vue d'une œuvre de Dieu, mais bien la connaissance expérimentale de la Personne divine elle-même ; l'union de Dieu lui-même avec nous ; la communication directe de sa vie personnelle. Tout ce qui ne serait que la seule appréciation d'une *œuvre divine*, demeurera, jusqu'à ce que nous en soyons arrivés là, la simple connaissance fragmentaire de l'action d'un Etre qui, en lui-même, resterait étranger à l'expérience intime de notre propre être.

Pour que cette expérience ait lieu, — pour que nous entrions avec Dieu en une communion de volonté et d'affection, — il faut qu'il soit tout premièrement venu, lui, à nous. Il ne suffira pas, pour cela, qu'il nous ait rendus les spectateurs de ce qui ne serait que des *faits* divins. Il faudra qu'il nous ait mis en présence d'*actes* ; et d'actes qui nous aient nous mêmes, tels que nous sommes, expressément pour objets. Aussi longtemps que, dans la Nature, dans la loi divine, dans l'Ecriture, dans Jésus-Christ lui-même, nous nous serons bornés à saisir ce qui ne serait que l'objet d'un témoignage sur des faits subsistant hors de nous, — au lieu de trouver dans tout cela une révélation, nous n'y trouverons jamais qu'autant de problèmes. Nous n'aurons toujours alors devant nous qu'une Nature incomprise, qu'une loi sans entrailles, qu'une lettre morte et sans chaleur ; ou même, en ce qui concerne Jésus-Christ, qu'un personnage incompréhensible et contradictoire, — idole muette, inutile et qui, comme telle, devient même un danger pour notre vie morale, dès que nous en faisons l'objet d'un culte forcé et inintelligent.

Considérez, par exemple, ce qui résulte, pour notre « sentiment religieux, » de la vue de cette œuvre divine dans la Nature, qu'on essaie le plus souvent de substituer à la révélation de l'Ecriture !

Nous pouvons l'admirer ; nous ne saurions même nous refuser à le faire. Nous y « voyons comme à l'œil » les marques d'une puissance, d'une sagesse, et même d'une bonté, infinies ! Avec cela, sans dire que cette même Nature, en proie à la ruine, à la souffrance et à la mort, présente mille traits qu'il nous est impossible de rattacher directement à la volonté de l'Auteur de tout bien, — même en dehors de cela, — rien ne parle à notre cœur dans cette sagesse et dans cette puissance ; ce qui équivaut à dire, que rien ne nous y fait pénétrer jusqu'au sujet vivant de cette bonté. Il n'y a pas d'intention personnelle concernant chacun de nous dans cette bonté générale, dans cette générosité aveugle et prodigue, dont l'éclat nous éblouit de nouveau à chaque fois !

Le voyageur près de mourir de soif dans le désert, saluera avec bonheur la vue du fleuve dont l'eau va lui sauver la vie. Mais rien, dans ces ondes puissantes où il se désaltère, ne lui parlera de quoi que ce soit qui le porterait à de la reconnaissance envers elles, à de la confiance, à de l'amour.

Cela est naturel ! Il n'y a point en elles d'intention l'ayant lui, personnellement, pour objet. Il les a rencontrées, ces ondes bienfaisantes, peut-être même les a-t-il cherchées et découvertes ; elles ne sont pas venues le secourir.

Sans doute, si notre seul rapport avec Dieu était ce qui résulte de ce fait, qu'il a été l'auteur, et qu'il demeure le conservateur, de l'œuvre à laquelle nous devons l'existence ; si nous occupions à son égard une position semblable à celle des créatures muettes qui nous entourent, cette bonté générale dont elles vivent sous nos yeux nous suffirait à nous aussi.

Mais, bien qu'il y ait en nous quelque chose qui fait de chacun de nous un être formé pour devenir semblable à Dieu, un être capable de « recevoir le droit d'être fait enfant de Dieu, » — néanmoins, la conscience que nous avons de nous-mêmes à cette heure nous dit, qu'en face de ce fait d'origine, nous sommes des enfants égarés, et même rebelles. Quelque altérée de Dieu que soit notre nature, bien que nous sentions que rien en dehors de l'amour personnel de Dieu pour nous, ne saurait satisfaire aux besoins innés de notre cœur, — ce même cœur a le sentiment profond et douloureux, que ce que nous appelons notre amour ne peut s'élever jusque-là ; que nous ne savons plus *aimer*, dans le sens dans lequel Dieu aime.

Telle est la raison qui fait que, pour aller à Dieu, nous n'avons pas assez d'une lumière, fût-elle la plus éclatante et la plus glorieuse. C'est aussi la raison pour laquelle le fait de vie divine qui, à lui seul, était lors de nos origines « la lumière des hommes [1], » ne

[1] Jean, I, 4.

nous suffit plus à cette heure. Ce dont nous souffrons, en effet, ce n'est pas de ce que les lumières qui nous sont encore accordées seraient fausses ou obscurcies. Non ! c'est bien de ce que ce ne sont là que des lumières.

Pour ne parler que de la plus indéniable de ces lumières, de la lumière de notre conscience, c'est de ce que, loin de nous conduire à Dieu, cette lumière n'aboutit bien plutôt, à elle seule, qu'à nous révéler l'abîme qui nous sépare de lui ; tout en nous faisant clairement entrevoir, qu'en lui seul résident les sources de notre vie. En même temps que la loi essentielle de notre liberté nous fait toucher à la réalité de sa volonté suprême, en même temps, et au même degré, nous ressentons aussi cet autre fait, que notre volonté actuelle n'est pas sujette, et qu'elle ne saurait se rendre elle-même sujette, à cette loi ; que, quelles qu'en soient à nos yeux la justice et la sainteté, nous ne saurions ne fût-ce que vouloir faire, de cette loi, la source et la force des libres élans de notre cœur.

Voilà bien ce qui rend indispensable l'avènement, entre Dieu et nous, d'un rapport différent de celui qui intervient entre lui et toutes les autres créatures qui habitent notre monde. Voilà ce qui exige, entre lui et nous, un rapport tout autre que celui qui résulterait pour nous de la seule vue de sa réalité, de sa puissance, ou même de sa bonté. Pour que notre être lui-même, — c'est-à-dire pour que notre cœur, — entre en rapport avec lui, il faut que nous ayons été de sa part les objets de cette espèce spéciale de bonté qui s'appelle *la grâce*, ou le pardon par amour. C'est là le rapport qui devra s'être établi, non pas tout d'abord de nous à Dieu, mais avant tout de Dieu à nous. Avant qu'il soit possible de donner notre cœur à Dieu comme à *notre Dieu*, il faudra que Dieu nous ait fait la grâce de conquérir lui-même notre cœur.

Et ici, vous le sentez, il n'est pas question de telle ou telle doctrine sur l'origine historique, ou sur les conséquences finales, du péché. La conscience du péché, la constatation de la présence au dedans de nous du péché, n'a rien à faire avec la doctrine par laquelle nous nous rendrions compte à nous-mêmes de ce fait. L'expérience du fait précèdera nécessairement toujours toute doctrine à l'égard de ce fait.

Aussi bien l'expérience du péché est-elle un fait d'admission universelle ; et est-ce bien la réalité de cette expérience, jointe à son universalité, qui seule explique le mystère douloureux de l'histoire et des peuples et des individus [1]. La réalité indéniable de cette expérience nous fait tous aspirer à être les objets d'une action extraordinaire et spéciale ou, comme on le dit abusivement, d'une action *surnaturelle*, de Dieu. Devant le fait du péché, il faut à l'homme pécheur, non pas uniquement la connaissance de l'Auteur de la vie et des lois de la vie ; il lui faut un rapport direct avec cet Auteur lui-même ; avec le Dieu actuel et vivant ; avec le Dieu qui exauce la prière, et qui sauve celui auquel lui-même l'avait dictée. Aussi tremble-

[1] On me permettra de rappeler ici un seul mot du philosophe païen *Epictète* :

« *La loi veut rendre heureuse la vie des hommes ; mais elle ne le peut, parce qu'ils ne la souffrent pas, et qu'elle ne fait sentir sa vertu qu'à ceux qui lui obéissent.* » — Et ailleurs : « *Quoi donc ? Est-il déjà possible d'être sans péché ? On ne saurait y parvenir ! En effet, nous devons être satisfaits si, en ne nous relâchant jamais, nous arrivons à nous libérer ne fût-ce que de quelques péchés.* »

t-on en voyant de soi-disant sages s'efforcer, au nom des lois éternelles que Dieu a imprimées à son œuvre, d'affaiblir le sentiment de ce désordre intérieur; tandis qu'il faudrait bien plutôt, ne fût-ce qu'au point de vue de la seule vérité « scientifique, » le faire constater toujours plus clairement à chacun.

Car enfin, pour peu que nous soyons attentifs, ne voyons-nous pas que ce qui nous sépare de Dieu, n'est pas uniquement quelque chose qui nous serait personnel, comme le serait une décision que nous pourrions modifier? que c'est bien, au dedans de nous, un fait de vie qui a précédé toute décision ultérieure ?

En face d'une semblable expérience il demeure évident que, jusqu'à ce que nous ayons trouvé, dans les œuvres de Dieu qui nous sont accessibles, une action divine impliquant ce nouveau rapport entre Dieu et nous, nous ne saurions même penser à une relation normale entre nous et lui. Toute étude d'œuvres divines autre que celle-là n'aboutira jamais, et cela d'autant plus que nous l'aurions faite avec plus d'attention et de fidélité, qu'à faire ressortir davantage à nos yeux le besoin absolu de cette œuvre spéciale, de la part de Celui qui se place toujours plus directement, devant notre conscience de nous-mêmes, comme la source première de notre vie, et comme le législateur suprême de notre liberté.

Ou bien nous imaginerions-nous, nous aussi, qu'un besoin parviendra jamais, par le seul fait qu'il est vivement ressenti, à créer ce qui doit y satisfaire [1] ? Si l'on donne le nom de « religion » au seul sentiment des besoins religieux, pourra-t-on jamais prétendre que ce sentiment-là, fût-il poussé à l'extrême, — fût-il devenu comme une faim et une soif de Dieu, — puisse jamais constituer pour l'âme une possession réelle de Dieu lui-même ? « La soif de Dieu » peut sans doute, elle doit même, être pour l'âme une révélation. Mais ce sera celle de la nécessité absolue pour cette âme d'arriver à posséder Dieu ; ce ne

[1] On sait qu'il fut un parti théologique qui cherchait à justifier l'incrédulité en face de l'Evangile, en soutenant que cet Evangile était l'expression naturelle des besoins auxquels seuls il répond ; besoins qui se faisaient en effet vivement sentir à l'époque à laquelle il apparut.

sera jamais le fait même de cette possession. Ce qui seul inaugurera une semblable possession, ce sera toujours l'acte de confiance par lequel cette âme saisirait, dans le don que Dieu lui aurait d'abord fait de lui-même, les intentions actuelles de la grâce de son Dieu.

Car on ne les invente pas, on ne les imagine pas, ces pensées divines, cette grâce du Saint des saints pour des indignes ! Tout cela ne va nullement sans dire ! — Autrement, comment se fait-il que l'âme humaine, qui souvent, dans la recherche de cette grâce, a déployé tant de persévérance, d'ardeur et même d'héroïsme, n'en est pas moins toujours saisie d'étonnement et d'admiration, à chaque fois qu'elle arrive à la rencontrer sur son chemin ? D'où vient encore que cette émotion est d'autant plus saisissante, que la recherche dont il s'agit a été plus prolongée et plus ardente ? Bien mieux ! pourquoi, si cette même âme a laissé s'affaiblir en elle cette impression, sera-ce toujours à Dieu lui-même qu'elle s'adressera pour que l'expérience lui en soit rendue ? Evidemment, c'est qu'elle sent, à ne pas s'y tromper, que c'était à Dieu lui-même qu'elle l'avait due tout d'abord. Elle sait donc qu'il n'est pas en son pouvoir de la rappeler à son gré; que Dieu seul peut la lui rendre par le don et par la présence de son Esprit.

Avec tout cela, cependant, — me dira-t-on peut-être encore, — n'avez-vous pas mis au nombre des expériences dont témoigne en nous notre conscience, non seulement la vue d'une volonté dont la souveraine initiative suffit à nous révéler la présence du « Seigneur, » mais encore la vue de la bonté persistante de ce même Etre ? Cette expérience de la bonté divine, que chacun de nous doit à sa conscience, ne suffit-elle donc pas pour nous dire que ce même Dieu dont l'autorité s'est fait sentir à notre âme, est aussi le Dieu qui pardonne ? Est-il nécessaire de faire intervenir pour cela une action spéciale et surnaturelle « de l'Esprit, » action dont la pensée courrait même le risque de paralyser aussitôt notre première énergie ? D'ailleurs, pourquoi ne reconnaîtrait-on pas une œuvre de l'Esprit divin, dans cette expérience de la bonté divine que nous devons au témoignage de notre conscience ? Une semblable expérience ne suffit-elle pas pour nous inspirer cette confiance en Dieu, que vous-mêmes avez appelée la possession de Dieu par notre cœur?

Pour répondre à cette objection, il nous faut considérer de plus près l'expérience intérieure dont il s'agit.

Nous avons vu que ce qui nous donne ainsi le sentiment de la bonté divine, c'est la vue de la persistance au dedans de nous, en dépit de notre indifférence ou même de notre résistance, de cette autorité qui tend à soumettre sous nos yeux l'instinct central de notre volonté. Plus nous faisons l'expérience de cette persistance, cependant, plus aussi sommes-nous amenés à voir, jusqu'à quel point cette autorité est en opposition avec notre libre volonté. Si donc Dieu nous révèle de la sorte sa bonté, il ne le fait pas au moyen d'une impression nouvelle, d'une impression qui viendrait s'ajouter à celles que nous devions déjà à notre conscience. Il le fait uniquement en nous montrant que cette volonté divine dont nous avons ainsi conscience, — toujours la même, toujours inexorable dans sa sainteté, toujours également opposée à notre propre volonté, — peut *attendre* que nous soyons, nous, arrivés à être saints.

Evidemment, pour un homme qui a reconnu un état anormal dans le désaccord entre sa volonté propre et la volonté divine, il y a un abîme entre une bonté qui n'est ainsi que de la patience, et cette autre bonté qui s'appellerait la grâce, ou l'amour qui pardonne. La première ne change rien aux faits. Elle maintient entière une décision qu'elle se borne à ajourner. La seconde implique une décision nouvelle. Elle a déjà changé les faits. Disons mieux ! elle nous révèle des faits nouveaux. Elle nous annonce une « bonne nouvelle. » C'est même par là, tout spécialement, qu'elle parvient à saisir, à vaincre, à conquérir et à changer notre cœur.

Tout ce que peut faire la patience la plus bienveillante, c'est « de nous donner du temps. » C'est donc de nous faire voir toujours plus clairement, l'impossibilité où nous sommes de nous conformer à la loi qui continue à s'imposer à notre liberté. La grâce de Dieu, elle, fait davantage et tout autre chose. En effet, l'amour divin ne ressortit plus, comme la patience de Dieu, « aux choses qui ne sont que pour un temps. » Cet amour fait partie d'une sphère tout autre que celle du temps ; il ressortit à l'absolu. Aussi bien l'expérience que nous en avons nous fait-elle pénétrer, par l'amour qui vient y répondre au dedans de nous, dans la vie absolue et éternelle de Dieu lui-même.

Et remarquez que ce qui rend chez nous telle chose possible, c'est le fait que nous portons encore en nous, bien que négligée et ignorée, la faculté de ressentir cet amour. C'est là ce qui fait que cette révélation de la grâce de Dieu pour nous indignes, acceptée par une foi simple et sincère, peut faire encore de nous des hommes réellement nouveaux ; que, comme nous l'avons vu, elle peut nous transporter, nous hommes déchus et pécheurs, au point de vue de Dieu lui-même ; si bien que notre cœur en vient à pouvoir répondre, faiblement sans doute, mais pourtant dignement, aux sentiments divins eux-mêmes.

Telle chose ne pourrait jamais résulter en nous, de ce que nous aurait révélé la seule conscience de la loi imposée à notre volonté.

Ce qu'il faut, pour que cela ait lieu, c'est que le Dieu dont cette conscience nous révèle la loi se présente à nous, non plus seulement comme différant l'accomplissement de cette loi, mais comme Celui qui, tout en en maintenant l'autorité, nous aime cependant en dépit de notre indignité; parce que, à ses yeux, ce qui en nous a péché, ne provient pas de l'être dans lequel il discerne encore au dedans de nous son enfant, et auquel il veut rendre et la conscience et la puissance de sa vie. Il faut donc que Dieu, cessant de se faire voir uniquement comme Celui auquel nous devons aller, se montre à nous comme Celui qui vient lui-même, — bien plus! comme Celui qui est déjà venu, — jusqu'à nous. Or, c'est là un fait que notre conscience nous révèle d'autant moins, qu'elle implique bien plutôt une protestation directe contre la possibilité d'un tel fait.

Nous le savons, il n'y a qu'un fait qui soit de nature à produire sur nous, par un seul et même acte, et au même degré, les deux impressions qui, en dehors de ce fait spécial, demeurent constamment et entièrement inconciliables, ne fût-ce que pour notre pensée, — je veux dire l'impression de la sainteté absolue subsistant tout entière, à côté non pas de ce qui ne serait de la part de Dieu que de la patience à notre égard, mais à côté d'un amour positif et actuel de Dieu pour notre personne elle-même, et cela en dépit de notre indignité actuelle.

Nous disons qu'il faut que cette impression résulte, pour nous, d'une action vivante et soutenue dont nous nous verrions les objets. Il ne suffirait nullement ici d'une idée abstraite de la sainteté absolue, unie à celle de la bonté infinie. Il nous faut la vue d'un acte personnel accompli par Dieu à notre intention; d'un acte impliquant, non pas pour notre idée mais au-dessus et au delà de toute idée accessible à notre esprit, — c'est-à-dire au moyen d'une expérience directe, — la manifestation positive, et de la justice condamnant le péché aussi irrévocablement que notre conscience le voit condamné en nous, et de la grâce souveraine ignorant le péché, passant par dessus le péché; non pas nous pardonnant tel ou tel péché dans notre vie passée, mais nous révélant que Dieu nous aime; qu'il aime en nous ce qu'il y discerne d'éternel; qu'il nous aime nous, réellement et positivement, en face et en dépit « du péché qui habite en nous. » Il nous faut cela, et il nous faut tout cela si, dans cet acte d'amour, nous devons reconnaître non pas le fait constant d'une loi divine, mais, ce qui est tout autre chose, Dieu lui-même se manifestant dans un acte historique que lui seul peut accomplir.

Or cet acte a eu lieu; et il n'existe qu'un acte semblable. Et, bien que nous n'en ayons pas été les spectateurs (ce qui du reste n'aurait pas suffi pour nous le faire apprécier!), — bien que nous n'en possédions que le témoignage, — cet acte est si bien tout ce que nous venons de dire, qu'il n'est pas possible d'admettre que le récit qui nous le transmet ait pu être inventé; en sorte que, grâce à sa nature elle-même, ce récit porte en lui-même la preuve absolue de sa véracité.

Cette action divine est celle qui a eu sa manifestation la plus frappante, et la plus accessible, dans le fait de Golgotha. — Dans ce fait, entièrement seul de son espèce, nous ne voyons pas, comme dans ce que nous révèle notre conscience, la seule *nécessité* d'une union personnelle de Dieu avec notre libre volonté humaine ; non ! nous y saisissons *la réalité historique* de cette union. Celui que nous y voyons accomplir jusqu'au bout la volonté de Dieu, en obéissant à Dieu de tout son cœur, et cela jusqu'à la mort de sa chair, — cet être, qui se montre ainsi entièrement capable de la sainteté absolue, — cet être est l'un de nous. Il est notre frère ; un homme comme nous. Il est, de plus, accessible comme ne l'est aucun autre homme, à notre sympathie humaine. C'est pour nous, en effet, c'est par amour pour nous indignes, qu'il meurt, qu'il se sacrifie de la sorte sous nos yeux. Par là il nous gagne le cœur. Notre affection se donne à lui, et, en nous unissant ainsi à lui, nous entrons en une union réelle avec cette volonté de Dieu dont l'accomplissement constitue, à ce qu'il dit lui-même, le secret de sa vie. C'est là ce qui seul explique les conquêtes de la croix, en dépit et de ceux qui l'ont compromise et défigurée, et du caractère de « folie » qu'elle revêtira toujours tout d'abord pour notre pensée humaine actuelle.

Or la révélation de l'Ecriture tout entière n'a d'autre but que celui d'acheminer ce fait; comme elle ne possèdera jamais à nos yeux d'autre vérité, que celle qui découlerait pour nous de l'absolue nécessité de ce même fait.

A cette demande: La révélation intérieure rend-elle superflue l'extérieure? nous répondons par conséquent que, bien loin de rendre inutile le témoignage de la grâce de Dieu, la conscience est précisément ce qui, au dedans de nous, appelle ce témoignage; tout comme le fait de soumission intérieure dont témoigne devant nous la conscience, est ce qui nous amène à l'accueillir.

A cette demande: Est-ce la conscience qui prouve l'Ecriture, ou l'Ecriture qui sanctionne la conscience? nous répondons que la seule preuve qu'ambitionne l'Ecriture elle-même, c'est « de se prouver à toute conscience d'homme. »

Mais nous ajoutons aussitôt que, si l'Ecriture se prouve *à* la conscience, ce n'est pas *par* la conscience qu'elle se prouvera jamais. En effet, si l'Ecriture s'appuie sur le témoignage de notre conscience pour se faire écouter, elle a à nous dire ce que notre conscience, à elle seule, n'a jamais dit et ne saurait jamais dire. Rappeler que les faits dont témoigne la conscience exigent ceux que seule l'Ecriture nous révèle, n'est-ce pas, d'ailleurs, avoir constaté que la conscience ne remplacera jamais l'Ecriture ?

Et si notre conscience seule sanctionne à nos yeux l'Ecriture, ce n'est pas non plus que notre conscience confère à l'Ecriture l'autorité qui lui revient. La conscience ne saurait conférer une autorité, n'en possédant elle-même aucune. La conscience est une perception ; elle est la vue des marques, au dedans de nous, d'une autorité absolue. Elle n'est pas elle-même cette autorité. La conscience morale, en particulier, n'est pas une force morale. C'est la perception, ou l'expérience d'un instinct moral subsistant au dedans de nous. C'est donc la vue du besoin que nous avons de la force morale, qui nous est nécessaire pour réaliser les aspirations de cet instinct.

La conscience et l'Ecriture s'appellent l'une l'autre. Elles se complètent mutuellement.

Ce sont, pour nous, deux paroles du même Dieu. — La conscience vient la première. Mais ce qu'elle nous révèle demeure incomplet et incompris, s'il ne vient s'y ajouter ce dont témoigne l'Ecriture. Ce n'est pas que la vérité de conscience ne soit aussi éclatante que possible. Non ! c'est que les faits de conscience en demandent d'autres, auxquels la perception de conscience ne saurait atteindre. La conscience met devant nous « les faits terrestres ; » l'Ecriture, elle, nous révèle « les faits célestes » qu'exige la connaissance des premiers [1].

Ces « faits célestes » sont des actes nouveaux, de Celui-là même qui est déjà pour nous l'auteur de l'autorité morale dont témoigne en nous la conscience. Ils constituent de sa part « une révélation ».

Quant à l'usage de cette révélation de l'Ecriture, il est évident qu'une simple admission de la vérité historique de tels faits passés, n'impliquera jamais, à elle seule, une expérience directe et personnelle de l'auteur de ces faits. Il faudra, pour que se produise cette expérience, que ces faits nous appa-

[1] Jean III, 12

raissent comme des actes qui nous auraient nous pour objets. C'est bien là ce que nous trouvons dans l'Ecriture. Elle se donne comme le témoignage d'un salut promis, préparé, puis accompli pour nous, par l'amour du Dieu saint de notre conscience. Si, parce que nous avons négligé l'expérience dont témoigne cette conscience, nous ne sentons pas le besoin de ce salut, la voix de l'Ecriture restera sans doute pour nous sans importance et sans vérité. Ce qui demeurera acquis, cependant, ce sera la réalité redoutable d'un semblable fait.

La conscience morale est en nous une perception. L'objet en est, au dedans de nous, une autorité dont le caractère nous révèle la réalité présente, la volonté souveraine, et la patiente bonté, de l'Auteur de notre être. Cette révélation de notre conscience, qui s'accorde avec celle qui découle pour nous de la vue des faits sensibles, en exige cependant une autre : celle de la grâce souveraine du Dieu saint pour nous pécheurs. Cette dernière révélation ne se trouve que dans les faits dont témoigne l'Ecriture.

La conscience ne remplacera donc jamais

pour nous l'Evangile; mais sans la fidélité à la conscience, l'Evangile nous demeure inutile.

Telle est la conclusion de notre exposé des rapports, entre la révélation intérieure et la révélation ou extérieure ou historique; et c'est aussi celle de l'étude que nous avions entreprise, et du fait intérieur dont témoigne la conscience morale, et de la place qui revient à ce fait dans notre recherche de la vérité.

FIN

LA CONSCIENCE

A L'OCCASION

D'un travail de M. César MALAN

Dans son sens le plus étendu, le mot conscience désigne la connaissance que l'esprit a de lui-même et de ses modes dans l'acte de la réflexion où il est en même temps le sujet et l'objet du savoir; c'est la conscience *psychique*. Dans un sens plus restreint et plus généralement employé, ce terme désigne le sentiment du devoir; c'est la conscience *morale*.

Le second de ces sens du mot est compris dans le premier comme une espèce dans son genre, puisque le sentiment du devoir est l'un des phénomènes psychiques dont l'esprit a connaissance. — Mais, si la conscience d'un pouvoir libre est celle de l'existence même de l'esprit, et si le sentiment de la liberté est inséparable de celui de sa direction légitime, on peut dire que la conscience morale est la condition de la conscience psychique. C'est la première qui est l'objet d'études publiées par M. César Malan dans la *Revue de théologie et de philosophie* (janvier, mars et mai 1879.)

Quelques phrases de cet auteur, isolées de leur contexte et prises dans un sens absolu, pourraient faire croire qu'il est un de ces individualistes qui ne sauraient se placer dans les rangs des disciples de ce Jésus qui étonnait ses auditeurs parce qu'il enseignait avec autorité, comme étant un témoin des choses divines. L'erreur serait considérable. M. Malan a écrit en parlant du Fils de Marie : « Avec un tel Maître, on oublie bientôt les droits d'un invidualisme personnel. »[1] La conscience l'a conduit au Christ, et le Christ, devenu son maître, a éclairé sa conscience.

Il en résulte que dans son œuvre l'élément philosophique de la libre recherche et la croyance religieuse à laquelle la recherche a abouti sont unis par un lien intime. Il est possible cependant de séparer ces deux éléments par un travail ana-

[1] Revue théologique de Montauban, juillet-septembre 1881, page 251.

logue à celui que les historiens de la philosophie sont appelés à faire sur les œuvres des Pères et des Docteurs de l'Eglise chrétienne. C'est ce travail que j'entreprends, en signalant, dans les analyses de M. Malan, les éléments purement philosophiques, c'est-à-dire ceux qui ne présupposent aucune foi spéciale. Ces éléments me paraissent se ramener aux quatre affirmations suivantes:

1° L'idée du devoir doit être distinguée de ses applications.

Les applications de l'idée du devoir varient d'une manière très sensible selon les divers degrés de civilisation, et, dans le même degré de civilisation, selon la culture intellectuelle et morale des individus. Ce qui est bien pour les uns est mal pour les autres et inversément. Les exemples de cette vérité ont été cités si souvent et sont si faciles à recueillir qu'il est superflu de les indiquer. Une étude des faits, même superficielle suffit pour réfuter le paradoxe de Rousseau qui prête à la conscience une voix partout et toujours la même. Mais, pour que l'idée du devoir reçoive des applications diverses, il faut quelle existe. Or, elle existe à titre de concept distinct et primitif. Les efforts faits par l'école empirique pour ramener le devoir à la transformation d'éléments d'une autre nature n'aboutissent pas. Locke a commis une erreur non moins considérable que celle de Rousseau lorsqu'il a conclu de la diversité des applications de l'idée du devoir, à la négation de la réalité et des caractères spécifiques de cette idée. La question essentielle est de savoir d'où procède cette notion irréductible.

2° L'idée du devoir est l'expression d'un fait.

Les notions morales ne sont pas primitivement des idées auxquelles s'attache un sentiment. Elles sont au contraire les expressions diverses et variables des applications d'un sentiment spécial, celui de l'obligation. Ce sentiment est le résultat d'une action exercée sur la volonté. La volonté se sent libre par opposition à une contrainte, mais elle se trouve en présence d'une autorité qui lui prescrit son emploi légitime.

La *voix* de la conscience varie, mais son *autorité* est fixe ; et dans tous les cas, sous toutes les variations des idées, cette autorité réclame l'obéissance. On peut éclairer ceci par une comparaison tirée de l'ordre civil. Qu'est-ce que la volonté d'obéir aux lois ? S'agit-il seulement de la volonté d'obéir à telles ou telles prescriptions ? Non ; il s'agit de la résolution d'obéir à l'autorité législative dont les prescriptions actuelles ou futures manifestent le pouvoir.

La formation des règles de conduite admises par tels ou tels hommes peut s'analyser. Les causes des variations des idées morales donnent lieu à une étude pleine d'intérêt; mais le sentiment de l'obligation est simple, c'est celui d'une autorité qui s'impose. La conscience est un élément subjectif, un organe spirituel ; mais ce que cet organe perçoit a un caractère essentiel d'objectivité. Quel est, dans sa généralité et au-dessous de ses variations, l'objet de la conscience ?

3° L'objet de la conscience est l'idéal de la personne humaine.

Voici des paroles extraites d'un ouvrage récent, qui expriment fort bien la pensée qui se dégage des études de M. Malan.

« Partout et toujours s'impose à la raison de « l'homme si rudimentaire qu'elle soit, la conception d'un *moi* plus parfait que celui que lui représente actuellement sa conscience, et à sa volonté l'obligation d'exprimer par ses libres efforts la plus fidèle image de ce modèle. [1] »

L'homme a conscience de ce qu'il est, et de ce

[1] Carran — *Etudes sur la Théorie de l'évolution* — Conclusion.

qu'il doit être. De là, dans l'unité de sa personne, deux pouvoirs distincts et qui, dans l'état présent de la nature humaine, se trouvent en opposition et en lutte.

Mon Dieu ! quelle guerre cruelle
Je trouve deux hommes en moi,

écrivait Racine traduisant l'apôtre St-Paul. Et il ne s'agit pas ici d'un des éléments d'une pensée spécifiquement chrétienne, mais d'une expérience universelle, qui ne demande pour être faite que l'éveil de la réflexion. Les Grecs, à dater de Pythagore et de Platon, distinguaient dans l'âme une partie rationnelle et une partie irrationnelle, et ils ne méconnaissaient pas que le devoir est de soumettre la seconde de ces parties à la première. Toute la morale se ramène au seul précepte de réaliser la nature humaine dans son type idéal, en sorte qu'on peut dire que tout devoir est un devoir envers soi-même.

Mais ce moi idéal qui est l'objet du devoir ne peut en être la source. Cet objet qui s'impose n'a pas en lui-même l'autorité qui l'impose. D'où procède cette autorité?

4° L'autorité avec laquelle s'impose le moi idéal est celle du Créateur.

Le fond du phénomène moral, l'essence du devoir est une action exercée sur la volonté humaine, action qui se manifeste par cette obligation qui n'est pas une contrainte. Une action spirituelle n'est intelligible que comme le produit d'une volonté. Quelle peut être cette volonté qui impose le moi idéal comme l'objet légitime de l'emploi de la liberté du moi réel ? Ce ne peut être que celle de l'auteur de la nature humaine, puisque le sentiment du devoir est l'une des manifestations essentielles de cette nature. Le moi idéal, c'est l'homme voulu de Dieu. Cet homme-là doit être réalisé par l'emploi de la volonté libre, et l'obligation qui impose cette réalisation est l'autorité du Créateur. La volonté libre ne s'écarte pas de sa destination sans un malaise qui ne porte pas seulement sur tel ou tel acte, mais sur la source de tous les actes, sur le sentiment d'une volonté séparée de sa fin légitime ; d'une volonté qui n'est pas dans l'ordre parce qu'elle est séparée de Dieu, source et principe de tout bien. Cette séparation constitue le *péché* dont les actes mauvais ne sont que les manifestations diverses et passagères.

Kant n'arrive à Dieu que par un détour, ce qui

explique les destinées de sa doctrine. Il n'aurait pas ouvert la voie à l'idéalisme déterministe, dont l'œuvre de Hégel est la plus haute expression, s'il avait constaté que le fait de l'obligation bien interprêté conduit directement à Dieu dont l'action seule explique l'autorité de la conscience. Pour user d'un terme d'école, Dieu est, non moins que la liberté, et au même titre, le *postulat* immédiat du devoir.

Les quatre affirmations précédentes me paraissent résumer les éléments spécialement philosophiques du travail à l'occasion duquel j'ai pris la plume. Ce travail est digne de fixer l'attention, non seulement des hommes qui partagent la foi de l'auteur, mais de tous ceux qui réfléchissent sur la nature et la portée du fait de la conscience.

En effet, comme le dit très justement M. Malan « ce fait est aussi bien à la racine de toute vraie psychologie qu'à celle de toute saine théologie. »

ERNEST NAVILLE.

SOMMAIRE

www.ingramcontent.com/pod-product-compliance
Ingram Content Group UK Ltd.
Pitfield, Milton Keynes, MK11 3LW, UK
UKHW020208250726
13967UKWH00003B/1347